Peter Posse

Glücksorte in Budapest

Fahr hin & werd glücklich

Dieses

Glücksbuch

ist für

Liebe Glücksuchende,

wer auf Reisen geht, erwartet, dem Glück zu begegnen – für einen Moment zumindest. Unterwegs wird man zum Glücksmomentesammler, und von diesen Momenten kann man noch lange zehren. Auch dann noch, wenn man längst wieder zu Hause ist. Bei einer Tour durch Budapest ist das besonders einfach, denn mit dem schillernden Donaupanorama präsentiert sich das Welterbe bereits in seiner Gesamtheit als ein übergroßer Glücksort. Doch auch darüber hinaus bietet die ungarische Hauptstadt Reisenden viele Orte und Momente, die das Herz hüpfen lassen – im Großen und im Kleinen.

Hier begegnet man auch der oft wie ein Zungenbrecher erscheinenden Sprache der Ungarn. Für ausländische Besucher und Besucherinnen stellt dies dennoch kaum ein Problem dar, denn die Budapester sind offen und hilfsbereit, viele können zudem etwas Deutsch oder Englisch. Wer sich als Gast aufgeschlossen zeigt und sich – wenn auch nur ein klitzekleines bisschen – am Ungarischen versucht, wird mit offenen Armen empfangen. Kérem und Köszönöm (Bitte und Danke) öffnen Türen und Herzen. Wenn man sich dann miteinander versteht, vermittelt auch das ein besonderes Glücksgefühl.

In dem Sinne möchte dieses Bändchen dazu anregen, Blick und Zunge zu schärfen, in heißen Thermen Körper und Seele zu wärmen, skurrile Dinge zu entdecken und sich an der kulinarischen Vielfalt und herzlichen Gastfreundschaft der Magyaren zu erfreuen.

Ihr Peter Posse

GLÜCK

Deine Glücksorte …

... noch mehr Glück für dich

Über den Dingen stehen

1

Turmbesteigung an der Matthiaskirche

Touristische Hauptattraktion und zweifellos die schönste und bedeutendste Kirche Budapests ist die zum Weltkulturerbe zählende Matthiaskirche auf dem Burgberg. In dem Trubel dort findet sich dennoch ein besonderer Glücksort, der dem Ganzen sprichwörtlich die Krone aufsetzt: der Matthiasturm. Hinauf geht es ausschließlich mit einer kleinen Führung, um im engen Treppenhaus auch den Abstieg wieder zu gewährleisten. Seine Aussichtsterrasse liegt 47 Meter hoch. Unterwegs erzählt eine Ausstellung von der wechselvollen Geschichte der Kirche. Sie zeigt Erinnerungsstücke wie den ehemaligen Wetterhahn sowie ein paar Kupferzylinder mit historischen Dokumenten der Baugeschichte, die bei der letzten Renovierung in der Kreuzblume der Turmspitze gefunden wurden. Weiter oben kommt man auf zwei Ebenen an sechs Glocken vorbei, die heute ihr Werk im Matthiasturm verrichten. Nur zwei davon stammen noch original aus den Jahren 1891 (Szent-Károly-Glocke) und 1723 (Glocke der Heiligen Dreifaltigkeit). Die neueren Glocken wurden in Passau gegossen.

Was für ein unvergesslicher Ausblick von ganz oben – das apostolische Doppelkreuz vom mittleren Turm der Matthiaskirche prangt vor Donau und Parlamentsgebäude. Die Türmchen und Balustraden der Fischerbastei wandern am Auge vorbei, unten ein schier endloses Ameisengewirr der stetig umherströmenden Touristen. Hier oben kann man über den Dingen stehen und sich gelassen der Aussicht erfreuen, die vielen da unten verborgen bleiben wird.

Vom Turm aus bietet sich auch der beste Blick auf das faszinierende und vom warmen Gelb dominierte Muster in den Dachziegeln. Die Gestaltung stammt vom Architekten Frigyes Schulek, die Ziegel von Zsolnay aus Pécs – 149.500 sollen es wohl sein.

Wer genau Obacht gibt, erspäht auf dem Türmchen südöstlich am Querschiff ganz auf der Spitze den Raben mit dem goldenen Ring im Schnabel. Er ist das Wappentier der Familie Hunyadi, also das königliche Wappen von Matthias Corvinus, dem Namensgeber der Kirche.

TIPP

Im Souvenirladen der Matthiaskirche kann man sogar alte Originaldachziegel vom Kulturerbe erwerben.

- Matthiaskirche, Szentháromság tér 2, 1014 Budapest
  matyas-templom.hu/home
- ÖPNV: Bus 16, Haltestelle Szentháromság tér, Standseilbahn zum Burgberg

Royale Teezeremonie

2

Herend Afternoon Tea im Luxushotel Gresham

Der Gresham-Palast direkt in Front der berühmten Kettenbrücke ist wohl das exklusivste Hotel der Stadt und gilt als eines der schönsten weltweit. Ursprünglich 1906 als Sitz einer Londoner Versicherungsgesellschaft erbaut, ist es ein eindrucksvolles Beispiel des ungarischen Sezessionsstils. Erst 2003 wurde es restauriert und zum Luxushotel. Dabei blieben die Jugendstilelemente und der innere Arkadengang erhalten. Das gläserne und filigrane Dach ist ein Ausgleich zur wuchtigen Fassade und bietet an den Wochenenden den Rahmen für ein außergewöhnliches und sogar erschwingliches Vergnügen.

Nachmittags trifft man sich zum Tee, aber royal. Eine Vorreservierung ist dringend zu empfehlen, damit der Tisch gesichert und bereits alles arrangiert ist. Denn Perfektion bis ins kleinste Detail ist hier Programm.

TIPP
Abends bietet das Gresham in der Bar hier stilvolle und ausgefallene Cocktails an.

Der runde Tisch für zwei Personen ist schon bereit – Teegedeck, Messerbänkchen, Silberbesteck, Serviettenring mit Stoffserviette und ein kleines Silberschälchen warten. Das traumhaft schöne blütenweiße und durchscheinende Porzellan stammt wirklich aus der weltberühmten ungarischen Manufaktur in Herend. Päonien und Schmetterlinge in zartem Indigo und warmem Grün dominieren die Gestaltung. Alles ist Handarbeit, handbemalt und echtvergoldet. Das Service heißt Royal Garden und dient auch im Buckingham-Palast der Teezeremonie. Ausgehend vom klassischen Dekor der viktorianischen Zeit schuf Herend 2011 anlässlich der Hochzeit von Prinz William und Kate diese neuere Gestaltung.

Wer nun glaubt, mit einem Gurken-Sandwich abgespeist zu werden, hat sich getäuscht. Es gibt warme Scones, Clotted Cream, Lemon Curd und Erdbeermarmelade – alles hausgemacht. Jeder eine ganze Kanne Tee, punktgenau mit Tee-Ei serviert. Quasi der Hauptgang dazu ist eine Etagere mit zahlreichen Häppchen. Herzhaft von Lachs und Thunfisch über Gänseleber bis hin zu Petit Fours und Törtchen zwischen süß und pikant, aber stets elegant. Ein Feuerwerk für alle Sinne, dem man ausreichend Zeit und Raum geben muss.

● Gresham Palace Budapest, Széchenyi István tér 5–6, 1051 Budapest
www.fourseasons.com/budapest/dining/lounges/muzsa/
● ÖPNV: Metro M1, Haltestelle Vörösmarty tér; Bus 16, Haltestelle Széchenyi István tér

DAS Lichtspieltheater

3 Das Nationale Filmtheater Uránia in der Rákóczi út

Während sich Filme heutzutage auf Streaming-Dienste und Smartphones verlagern, sind selbst klassische Kinos schon seltener geworden. So ein richtiges Lichtspieltheater wirkt da wie aus der Zeit gefallen. Das Nationale Filmtheater Uránia in Budapest setzt da noch einen drauf. Mit Stil und Pracht ähnelt es eher einer Staatsoper. Darinnen nimmt man statt Popcorn lieber gepflegt ein Glas Sekt zu sich – vor der Vorstellung, versteht sich, im Café im ersten Stock. Während der Lichtspiel-Vorführung herrscht gebannte Stille im Publikum, sodass man eine Stecknadel fallen hören könnte.

Das Uránia entstand etwa 1895, und der Name stammt nicht von ungefähr. Anfangs war das Gebäude tatsächlich von der wissenschaftlichen Gesellschaft Uránia als Veranstaltungsort für Vorträge und Vorlesungen genutzt. Im Frühjahr 1901 wurde auf dem Dach des Gebäudes der erste ungarische Spielfilm gedreht, in dem die damals populäre Schauspielerin Lujza Blaha den Csárdás tanzt. Später mit wachsender Beliebtheit des bewegten Filmes wandelte sich das Uránia immer stärker zum Kino.

Architektonisch vereint das Gebäude einen venezianischen neogotischen mit dem ostmaurischen Stil. Innen ist die Konstruktion oft illusionär. Fast alles besteht aus gestrichenem Putz.

Der Kinosaal ist eine Offenbarung. Ein Traum aus Rot und Gold, aus Geometrie und Formvollendung, der den Besucher schier überwältigt. Wer sich da an maurische Kunst erinnert fühlt, liegt vollkommen richtig. Die Innengestaltung orientiert sich tatsächlich an den Nasridenpalästen der Alhambra im spanischen Granada. Man kann sich schier nicht sattsehen. Optisch eine Entführung ins Serail.

Das Uránia ist nicht für touristische Besichtigungen offen, sondern schlicht ein Kino mit ganz regulärem Betrieb. Im Filmprogramm gibt es aber fremdsprachige Angebote und Dokumentarfilme, sodass sich ein Film ohne große Sprachbarrieren finden lassen sollte. Zudem sind die Kinopreise noch sehr günstig, und alleine der Blick in den Kinosaal ist mehr als den Eintrittspreis wert.

- Uránia Nemzeti Filmszínház, Rákóczi út 21, 1088 Budapest
urania-nf.hu
- ÖPNV: Metro M2, Haltestelle Blaha Lujza tér; Bus 5, 7, 8E, 110, 112, Haltestelle Uránia

Eine letzte Frage noch ...

4 Columbo-Statue in der Falk Miksa utca

Unweit der Margaretenbrücke auf der Pester Seite die quirlige Ringstraße stadteinwärts laufend, stolpert man beinahe über einen sitzenden Basset. Es ist der Hund namens Hund, der dort in Bronze verewigt ist. So hell, wie die Statue glänzt, bekommt er wohl reichlich Streicheleinheiten. Getreu schaut er nach oben zu seinem Herrchen. Und in der Tat erblickt man lebensgroß und lebensecht wirkend eine Figur, die man aus dem Fernsehen kennt – Inspektor Columbo.

Unverkennbar steht er da mit seinem knittrigen Trenchcoat und einer etwas zerzausten Krawatte; die kurze Zigarre zwischen den Fingern haltend, kratzt er sich nachdenklich am Hinterkopf. Man meint, gleich wird er wohl sagen: Eine letzte Frage hätte ich da noch ... Ja, warum steht eigentlich Inspektor Columbo hier mitten in Budapest?

Nicht ganz zufällig steht er gerade am Beginn der Falk Miksa utca. Es war der amerikanische Schauspieler Peter Falk, der über mehrere Jahrzehnte Inspektor Columbo verkörperte und ihn zum Leben erweckte. Nach seinem Tod 2011 wollte man ihm in Budapest eine Erinnerung setzen, denn einige Quellen meinten dazu, der Publizist und Politiker Miksa Falk sei der Großvater von Peter Falk. Nach eigenen Angaben hatte Peter Falk durch seine Großeltern russische, polnische, tschechische und ungarische Vorfahren. Die Historikerin Gabriella Csiffáry konnte allerdings keine Verbindung zu Miksa Falk finden, sondern eher einen ungarischen Großvater mütterlicherseits. Na ja, es bleibt wohl noch für Inspektor Columbo zu ermitteln.

Die Skulptur aus dem Jahre 2014 stammt vom ungarischen Bildhauer Fekete Géza Dezső. Hinter ihr beginnt eine ruhige Nebenstraße, die als Budapester Kunstmeile gilt. Hier finden sich mehrere bekannte Galerien moderner ungarischer Kunst wie Kieselbach und Virág Judit sowie angesehene Auktionshäuser. Zahlreiche Antiquitätengeschäfte laden zum Stöbern ein. Für eine Pause bietet sich an der nächsten Ecke das Café Frei an.

- Falk Miksa utca, 1055 Budapest
- ÖPNV: Tram 2, 4, 6, Haltestelle Jászai Mari tér

Limonáde, Szörp & Fröccs

5

Sommerliche Erfrischungen im Gyűrű Pub und anderswo

Ungarische „Limonádé“ ist frisch hausgemacht, lecker, weniger süß als gängige Industrieprodukte und auch etwas teurer. Etwas frischer Zitronensaft, verschiedene Zitrus-Fruchtstücke und meistens Eiswürfel gehören in die klassische Limonade. Sie wird mit Sodawasser aufgesprudelt und dadurch besonders spritzig.

Eine süßere Variante ohne Fruchtstücke ist Szörp, was vom ungarischen Wort für Sirup abgeleitet ist. Hierzu wird ein aromatischer Sirup mit Sprudelwasser aufgegossen und eiskalt serviert. Beliebte Geschmacksrichtungen sind Himbeere, Holunderblüte und Lavendel. Gerne wird auch Limonade damit weiter aromatisiert.

Der Wissenschaftler Ányos Jedlik aus Györ erfand im Jahre 1826 das heutige Sprudelwasser in der Sodaflasche. Eines der ersten Dinge, was er damit machte, war Weinschorle. Seither ist Fröccs schnell zum Nationalgetränk in Ungarn geworden. Der ungewöhnliche Name geht letztlich auf den Dichter Mihaly Vörösmarty zurück, der vom Aufsteigen der Perlen im Getränk zu der Wortschöpfung inspiriert war.

Fröccs nur als Weinschorle zu verstehen, wäre viel zu simpel. Fröccs ist Kult und hat viele Abstufungen. Bevorzugt nimmt man herzhafte und aromatische Weißweine wie Olaszrizling oder Irsai Olivér oder auch einen Rosé als Grundlage. Sogar Fröccs aus Rotwein gibt es. Beliebte Mischungsverhältnisse von Wein und Wasser sind der kleine Fröccs (1:1, kisfröccs), der große (2:1, nagyfröccs), der lange Schritt (1:2, hosszúlépés), Hausmeister (3:2, házmester) und Vizehausmeister (2:3, viceházmester). Ausgefallener sind da schon Krúdy-Fröccs mit 9:1 oder Puskás-Fröccs mit 6:3.

Nicht überall steht Fröccs auf der Karte, aber jedes ungarische Restaurant kennt ihn und bereitet Fröccs nach Wunsch zu. Abgerechnet werden dann Wein und Soda einzeln. Einfach mal ausprobieren. Im Gyűrű Pub stehen viele Fröccs-Varianten direkt auf der Karte. Guten Fröccs gibt es beispielsweise auch an der Burg Vajdahunyad, im Gasthaus Kéhli, im Retro-Café Bambi und in den Freiluftbars am Donauufer.

TIPP

Die stark frequentierte Fröccsterasz im Pester Zentrum hat sogar 17 Varianten auf der Karte.

● Gyűrű Pub & Pódium, Balassi Bálint u. 27, 1055 Budapest
www.gyurupub.hu
● ÖPNV: Tram 2, 4, 6, Haltestelle Jászai Mari tér

Naherholung mit Zukunft

6 Ausflugsgebiet Kopaszi-gát (Kahler Damm)

Der XI. Stadtbezirk Újbuda (Neu-Buda) ist inzwischen besonders angesagt. Er erstreckt sich am westlichen Donauufer südlich vom Gellértberg. Beginnend mit Art déco wird die Architektur nach Süden hin immer moderner. Universitätsgebäude, Glasfassaden von Computerfirmen und viel Grün bestimmen das Bild. Ein besonderes Naherholungsgebiet ist die Landzunge Kopaszi-gát, die das Donauufer ab der Rákóczi-Brücke bildet und die verbliebene Lágymányosi-Bucht umschließt. Bis 1870 war die Westseite der Donau ein großes Sumpfgebiet mit einer kahlen Sandbank (Kopaszi zátony), wo sich im Winter das Treibeis staute. Zum Hochwasserschutz und der Donauregulierung hat man deshalb den Kopaszi-Damm gebaut. Später wurde der nördliche Bereich des abgetrennten Sees aufgeschüttet und ist heute der Standort der naturwissenschaftlichen Fakultät der ELTE-Universität.

TIPP

Besonders angenehm sitzt es sich auf der Terrasse vom Café Ponyvaregény.

Kopaszi-gát ist längst nicht mehr kahl, sondern vereint naturnahe Donauufer mit gepflegten Grünflächen. Hier gibt es üppige Vegetation und eine vielfältige Vogelwelt. Sogar Biber wurden in der Bucht gesichtet. Das Gebiet steht inzwischen unter Naturschutz.

Auf Kopaszi-gát gibt es keine Fahrzeuge, der moderne Park gehört komplett den Spaziergängern und Familien. Viele Cafés, Terrassen und Restaurants laden ein, ein Abenteuerspielplatz unterhält die Kinder. Hier feiert man Hochzeiten, Junggesellenabschiede oder macht es sich einfach bei einem Picknick auf der Wiese gemütlich. Auf den Terrassen an der Bucht lässt sich die Abendsonne genießen, nur Baden ist nicht erlaubt. Dafür gibt es das Strandbad an der gegenüberliegenden Seite. Die Stirnseite der Bucht dominiert ein zukunftsweisendes Hochhaus. Der MOL-Tower ist 143 Meter hoch und bietet auf 28 Etagen mehr als 2000 moderne Büroarbeitsplätze. Die faszinierende Konstruktion aus Glas und Metall ist ein Werk vom Stararchitekten Norman Foster. Nachhaltigkeit ist ein bestimmender Aspekt mit viel Tageslicht im Gebäude und einem Dachgarten. Das klassische Donaupanorama wird nicht gestört.

- Kopaszi-gát 1, 1117 Budapest
- ÖPNV: Tram 1, Haltestelle Infopark

Die große Unbekannte

7 Szent-László-Kirche in Kőbánya

Kőbánya ist der zehnte Stadtbezirk im Osten Budapests, der eher als Industriegebiet bekannt ist und wohin sich nur wenige Touristen verirren. Der Name Kőbánya bedeutet so viel wie Steinbruch. Erste Weinkelleranlagen im Kalkstein gab es dort schon vor sehr langer Zeit. Für fast alle weltberühmten Gebäude im Budapester Zentrum wie Kettenbrücke, Parlament, Fischerbastei und Staatsoper wurden hier Kalksteine gebrochen. Einige dabei entstandene große Kelleranlagen werden von der bekannten Brauerei Dreher genutzt oder dienen zum Kultivieren von Champignons, andere warten noch auf ihre künftige Bestimmung. Im Zuge der Industrialisierung zum Ende des 19. Jahrhunderts wurde im Viertel Kőbánya eine Kirche für viele Menschen gebraucht. Die damals dort entstandene große und sehenswerte Unbekannte ist die Szent-László-Kirche in einem besonderen eklektischen Stil. Mit ihren 83 Metern ist sie die zweithöchste Kirche Budapests nach der Stephans-Basilika.

Die 1894–1896 erbaute Kirche gilt als bedeutendes Architekturdenkmal des ungarischen Sezessionsstils und geht maßgeblich auf Ödön Lechner zurück. Letztlich vereint sie jedoch recht verschiedene Stilelemente aus drei damaligen Architektur-Entwürfen. Im Rahmen der vormodernen Architektur ist sie zum Welterbe nominiert.

Unbedrängt steht sie in einem kleinen Park, ihre äußere Erscheinung im rötlichen Backstein und mit dem bemerkenswerten, sechseckig aufstrebenden Glockenturm beeindruckt und erinnert auf den ersten Blick an bekannte Gotik. Die Kirche ist reich geschmückt mit kleinen Türmchen und Baudekorationen aus Pyrogranit. Gut bedacht ist sie mit farbigen Zsolnay-Ziegeln, die typisch für Lechners Sezessionsstil sind. Er vereint romanische, gotische, barocke und Renaissance-Elemente in der Gestaltung und versteht es, ungarische und persische Volksstile dekorativ zu kombinieren. Im heute weißen Inneren stammen Kanzel und Majolika-Altäre von Vilmos Zsolnay, die Mosaiken und rekonstruierten Glasmalereien von Miksa Róth.

- Szent-László-Kirche Kőbánya, Szent László tér 25, 1102 Budapest
  szentlaszlo.net
- ÖPNV: Bus 9, Haltestelle Szent László tér

Bequeme Stadtbesichtigung

8 Tour mit der Straßenbahn 2 am Donauufer

Für eine kleine, bequeme und recht preiswerte Stadtrundfahrt bietet sich die Straßenbahnlinie 2 an. Sie fährt im ganz sanften Bogen in 20 Minuten am östlichen Donauufer entlang, führt an den berühmten Brücken vorbei und eröffnet Blicke auf viele bekannte Sehenswürdigkeiten. Generell ist der öffentliche Nahverkehr in Budapest sehr gut ausgebaut und klar die bessere Alternative zum Auto. Praktischerweise erwirbt man eine der recht günstigen Tages- oder Mehrtageskarten an den mehrsprachigen Automaten und kann dann nach Herzenslust die Stadt erkunden. Senioren ab 65 Jahre aus ganz Europa fahren übrigens sogar komplett kostenlos.

Die Tour kann man überall beginnen oder nur stückweise fahren. Südlich startend an der Közvágóhíd, erreicht man zuerst die schicken modernen Gebäude vom neuen Nationaltheater und dem Palast der Künste Műpa. An der Haller utca passiert man das Backsteingebäude der alten Likörfabrik Zwack Unicum. Gegenüber am anderen Donauufer sieht man die modernen Gebäude der naturwissenschaftlichen Universität und erreicht dann die Petőfi-Brücke.

An einem Park vorbei geht es zur Zsil utca mit architektonischen Kontrasten. Gegenüber rücken die mondänen Gebäude von Kunstuniversität und Grandhotel Gellért in den Blick, direkt daneben staunt man über eine ungewöhnliche Konstruktion aus Metall und Glas – den „Wal". Spätestens am Fővám tér bietet sich eine Pause an. Hier kann man den Blick auf Gellértberg und Freiheitsstatue genießen, die grüne Freiheitsbrücke erkunden oder durch die Große Markthalle schlendern.

An der Elisabethbrücke vorbei geht es dann zum Vigádo tér mit der kleinen Prinzessin, wo sich tolle Blicke auf Burgpalast und Kettenbrücke bieten. Vor und nach der Kettenbrücke folgen zwei Stationen dicht aufeinander, bevor es mit Blick auf Fischerbastei und Matthiaskirche zum Parlament weitergeht. In mehreren Kurven umrundet die Bahn gemächlich das riesige Gebäude. An der Endstation Jászai Mari tér erreicht man schließlich die Margaretenbrücke.

TIPP
Im Park vor der Margaretenbrücke trifft man auf das bronzene Denkmal des Nationalhelden Imre Nagy.

- Fahrt mit der Tram 2
- ÖPNV: diverse Zustiegsmöglichkeiten, etwa Haltestelle Fővám tér an der Metro M4

2
1354
BUDAPEST
BKK

Frische Farben im Grau

9 Street-Art im 7. Bezirk

Während unkontrollierte Schmierereien in Budapest zum Glück noch selten sind, trägt bewusst eingesetzte Street-Art viel zur Verschönerung alter Stadtviertel bei. Besonders bemerkenswert gelingt dies im jüdischen Viertel, wo dem bröckelnden und schnöden Grau manch alter Fassade so nicht nur durch Ruinenpubs, sondern auch optisch ein neues Leben eingehaucht wird. Gelegentlich findet man schöne Street-Art aber auch in anderen Stadtbezirken.

Manch herausragende und gar nicht so kleine Kunstwerke sind dabei entstanden. Die Motive sind vielfältig. Von der räumlichen Illusion einer anderen Welt über simple Ideen für weitaus schönere Fassaden bis hin zu historisch inspirierten Gestaltungen reicht das Repertoire.

Auf der Suche nach der Street-Art spaziere man im jüdischen Viertel aufmerksam durch Straßen wie die große Király utca, die Kazinczy utca, Wesselényi utca, Dob utca und Rumbach Sebestyén utca. Ein kleiner Spielplatz vor einer öden Fassade wird durch eine virtuelle Parklandschaft aufgewertet, die nächsten Hauswände erinnern an den legendären ungarischen Zauberwürfel von Ernő Rubik oder an das „Jahrhundertspiel" des Fußballs, wo Ungarn in England 6:3 gewinnen konnte.

Neopaint und Szinesvaros sind Schöpfer einiger dieser Kunstwerke. Manches zeigt, wie schön Fassaden im Originalstil aussehen könnten. Andere vermitteln Werbebotschaften inmitten des düsteren Anthrazits der alten Fassaden. Es gibt historische Anspielungen auf die geliebte Sissi ebenso wie solitäre Kunstwerke im Stil der Popart von Andy Warhol. Für die Betrachter stellt sich immer wieder die Frage: Was ist wahr an den Fassaden, was ist wirklich und was ist surreal?

In der Corona-Pandemie ruhte die Hoffnung der ganzen Welt auf den neuartigen mRNA-Impfstoffen. Einen entscheidenden Beitrag zu deren Entwicklung lieferte die ungarische Biochemikerin Katalin Karikó bei Biontech. Ein neues Mural am Krisztina körút 30 in Buda hinter dem Burgberg ehrt sie dafür.

Kazinczy u. 45, 1075 Budapest
neopaint.hu, szinesvaros.hu/group/best-of
ÖPNV: Metro M1, M2, Haltestelle Deák Ferenc tér

Rendezvous mit „Öcsi“

10 Puskás-Skulpturengruppe in Óbuda

Irgendwo zwischen Buda und Óbuda begegnet man auf einem sich allmählich weitenden Platz einem Fußballer mit ein paar Kindern. Die Bronzeplastik stellt keinen Geringeren als Ferenc Puskás dar – jenen ungarischen Fußballer, wegen dem das „Wunder von Bern“ 1954 als ein Wunder angesehen wurde, denn gegen Ungarn war Deutschland damals eigentlich chancenlos. Hier trifft man „Öcsi“ (den jüngeren Bruder), wie ihn die Ungarn liebevoll nennen, ganz ungezwungen von Angesicht zu Angesicht.

Puskás war Anfang der 1950er-Jahre Kapitän der „Goldenen Elf“ Ungarns. Sie gewann den Europapokal der Fußball-Nationalmannschaften 1948–1953 mit Puskás als Torschützenkönig und wurde 1952 Olympiasieger. Das legendäre Spiel vom November 1953 im Londoner Wembley-Stadion, das Ungarn 6:3 gewann, wird oft als Jahrhundertspiel bezeichnet. Die Revanche in Budapest verlor England 1:7. Später holte Puskás mit Real Madrid den Pokal der Landesmeister.

Die Idee zur Skulptur lieferte ein Foto aus seiner Zeit bei Real Madrid, wo Puskás elegant im Anzug auf den Straßen von Madrid innehielt, um den Straßenkindern um ihn herum einige Fußballtricks zu zeigen. Die bei einem Wettbewerb siegreiche Skulptur kombiniert die Entwürfe des renommierten Bildhauers Gyula Pauer für die Hauptfigur mit den Figuren der Jungen von Dávid Tóth.

Der 2006 verstorbene Ferenc Puskás ist in Ungarn fast so was wie ein Nationalheiliger. Er ist in der Krypta der Stephans-Basilika beigesetzt, direkt unter dem Altar des Heiligen Stephan – eine Ehre, die sonst nur Königen zuteilwird. Seinen Spuren begegnet man in Budapest immer wieder. Das legendäre Budapester Volksstadion heißt nach seiner kompletten Rekonstruktion nun Puskás-Arena und war bereits EM-Austragungsort. Sein Stammlokal Horváth Étterem am Krisztina tér 3 musste in der Corona-Pandemie aufgeben. Die kleine Kneipe und Weinstube 6:3 Borozó seines Freundes Hidegkúti in der Lónyay utca 62 gibt es noch. Eine Street-Art in der Rumbach Sebestyén utca erinnert an das Spiel des Jahrhunderts.

- Puskás-Skulpturengruppe, Bécsi út 57, 1036 Budapest
- ÖPNV: Vorortbahn H5, Haltestelle Szépvögyi út; Tram 17, 19, 41, Haltestelle Kolosy tér

roup
ELADO HAZ

Der Mensch im Mittelpunkt

11 Die sympathische Wekerle-Siedlung

Nur wenige Kilometer vom quirligen Zentrum der Metropole entfernt wartet eine andere Welt – die Wekerle-Siedlung. Ruhige Alleen, diagonal verlaufende Straßen, schmucke kleinere Häuser mit viel Individualität, gepflegte Vorgärten, ein großer Park, alles wie ein Idealbild einer ländlichen Kleinstadt. Die Dimensionen bleiben stets menschlich, und hier kann man alles erlaufen.

Die Siedlung entstand in den Jahren von 1908 bis 1925 als Gesamtkonzept. Noch heute wirkt sie wie ein mustergültiges Beispiel, an dem sich moderne Stadtplaner durchaus orientieren könnten. Mit der Industrialisierung zum Ende des 19. Jahrhunderts kamen immer mehr Menschen nach Budapest. Neuer Wohnraum war nötig. Der damalige Ministerpräsident Sándor Wekerle erwarb das Land mit staatlichen Mitteln und beauftragte die Planung einer modernen Arbeitersiedlung. Man orientierte sich an der Idee einer Gartenstadt, wie sie ein paar Jahre zuvor in London aufgekommen war. Gut 1000 meist ein- und zweigeschossige Häuser mit mehr als 4000 Wohnungen sind entstanden.

Nahezu verblüffend ist die exakte konzeptionelle Umsetzung mit einem begrünten zentralen Platz, um den sich die öffentlichen Gebäude befinden, darum ein etwa 600 Meter breiter Ring mit Wohngebäuden, der mittig eine große Straße und einen Grüngürtel besitzt. Den Hauptplatz hat Károly Kós entworfen und siebenbürgische Stadttore mit einbezogen. Rund um diesen Park mit Spielplätzen, Brunnen und Pavillon findet man die Kirche, ein Café und ein Restaurant, Apotheke, Bäckerei und einige kleine Läden bis hin zum Delikatessengeschäft. Im Wohnring gibt es vier Schulen, mehrere Spielplätze, Post, Kulturhaus, Bibliothek, Markt, Bäcker, Blumenladen und vieles mehr bis hin zum Polizeirevier an einer Ecke der Siedlung. Die beliebte ungarische Fernsehserie „Unter Freunden" wurde oft hier gedreht.

Rasch ist man wieder im Großstadttrubel, auf einer Seite ein Einkaufszentrum, an der anderen die Schnellstraße nach Szeged. Mit der Metro M3 gelangt man in 10 Minuten ins Zentrum.

- Wekerle-Siedlung, Kós Károly tér, 1192 Budapest
- ÖPNV: Metro M3, Haltestelle Határ út

Delikates jüdisches Erbe

12 Das Restaurant Rosenstein Vendéglő

„All die guten Dingen sind koscher“ ist die Philosophie in Rosensteins Restaurant. Diese Worte sagte dereinst die Großmutter zu Tibor Rosenstein in jener Zeit nach dem Krieg, als es nur sehr wenig gab. Er schaute schon bei den Großmüttern immer gerne in die Töpfe. Später hat er im altehrwürdigen Grandhotel auf der Margareteninsel von der Pike auf Koch gelernt.

Nach der Wende begann Tibor zuerst mit einem Imbiss, bevor er 1996 sein eigenes Restaurant eröffnete. Mit einer gekonnten Mischung aus jüdischer und ungarischer Küche setzt das Rosenstein nun selber Maßstäbe für Gastlichkeit. Inzwischen bestimmt sein Sohn Robert weitgehend die Geschicke im Familienrestaurant und kombiniert Altbewährtes mit neuen Trends.

Im Rosenstein sitzt man gepflegt am weißen Tafeltuch und studiert eine Speisekarte von Welt in sieben Sprachen – neben Ungarisch und Hebräisch auch Deutsch. Bemerkenswert sind die wochentäglich speziellen Angebote mit ausgefallenen Produkten wie Saures Lüngerl oder Kaldaunenpörkölt, die sonst nur noch selten zu finden sind. Freitag ist Scholet-Tag nach jüdischer Tradition. Dieses langsam gegarte Eintopfgericht mit Bohnen, Graupen, Kartoffeln und Fleisch wird freitags zubereitet und auch am Sabbat nach dem Synagogenbesuch verzehrt.

Eine umfangreiche Auswahl ungarischer Küchenklassiker wie Gänseleber, Letscho, Zander, Welspaprikasch, Wildpörkölt, Gänsekeule, Mangalica-Schweinebraten bis zum vegetarischen Pilzgulasch lässt keine Wünsche offen. Zum Dessert Kastanienpüree, Schomlauer Nockerln, flambierte Palatschinken und mit etwas Glück im Tagesangebot das typisch jüdische Gebäck Flódni. Diese üppige und etwas zeitaufwendige Schichttorte besteht aus mehreren Lagen Mürbeteig und dazwischen vier Füllungen aus Mohn, Walnüssen, Äpfeln und Pflaumenmus. Eine süße Abrundung für ein glückliches Dinner.

Eine gute Auswahl ungarischer Weine sowie hauseigene Craft-Biere begleiten das Essen. Später am Abend sitzt auch der Senior-Chef Tibor Rosenstein gerne mal mit im Restaurant.

- Rosenstein Vendéglő, Mosonyi u. 3, 1087 Budapest, Tel.: +36 (1) 333 3492
rosenstein.hu/en
- ÖPNV: Metro M2, M4, Station Keleti pályaudvar

Rosenstein

Prinzessin an der Donau

13 Die Skulptur „Kiskirálylány" am Vigadó tér

Wie cool ist das denn? Ganz lässig hockt das Mädel da lebensgroß auf dem Geländer an der Straßenbahnhaltestelle am Vigadó tér. Einen Mantel locker umgehangen und das Krönchen schräg nach hinten, die Zacken daran etwas verbogen. Direkt am Donaukorso fesselt diese kleine Prinzessin die Blicke der Spaziergänger und Touristen. Dazu noch Donau und Burgpalast im Hintergrund machen sie zu einem der beliebtesten Fotomotive.

„Ein gutes künstlerisches Produkt spricht für sich, es hat Strahlung, es fesselt, es ist schwer loszuwerden", schrieb dereinst ihr Schöpfer László Marton.

Für die kleine Prinzessin gibt es keinen bestimmten historischen Hintergrund, sie ist einfach ein Wahrzeichen der Stadt geworden wie etwa die Kleine Meerjungfrau in Kopenhagen. Die originale Skulptur ist 1972 vom Bildhauer und Kossuth-Preisträger László Marton geschaffen worden. Sie ist nur 50 Zentimeter groß und heute im Besitz der ungarischen Nationalgalerie. Die größere Kopie aus Bronze ist auf Wunsch der Stadt 1990 an der Donaupromenade platziert worden. Zwei weitere Duplikate der Skulptur stehen in der Heimatstadt des Künstlers Tapolca sowie in Tokio vor dem Konzertsaal des Metropolitan Art Space Kulturzentrums.

Später erzählte der 2008 verstorbene Künstler in einem Interview in seinem Atelier, er habe die Skulptur seiner eigenen Tochter nachempfunden. Als sie vielleicht sechs Jahre alt war und im Garten spielte, kleidete sie sich als Prinzessin mit einem Bademantel über den Schultern und einer Krone auf ihrem Kopf. Er hatte es geschafft, diesen Moment einzufangen, und sofort das Gefühl, es sei eine gelungene Arbeit.

László Marton hat zahlreiche weitere Büsten und Statuen bekannter Persönlichkeiten geschaffen. Rund 40 davon sind in Budapest zu finden, viele weitere vor allem in Hévíz und Tapolca. Bemerkenswert ist etwa auch der von ihm gewürdigte Poet Attila József, der auf den Treppenstufen rechts vom Parlament sitzt.

● Skulptur „Kiskirálylány", Belgrád rakpart, 1051 Budapest
kiskiralylanyszobor.hu
● ÖPNV: Tram 2, Haltestelle Vigadó tér

Pioniere der Schiene

14 Die Kindereisenbahn in den Budaer Bergen

Neben der bekannten Standseilbahn am Burgberg hat Budapest noch weitere ungewöhnliche Schienenfahrzeuge zu bieten. Starten kann man am zentralen Széll Kálmán tér und fährt von da zwei Haltestellen per Straßenbahn 56 oder 59 bis Városmajor. Dann geht es historisch weiter mit der Schwabenbergbahn. Sie ist seit 1874 in Betrieb und die drittälteste Zahnradbahn der Welt. Gemächlich schlängelt sich die später elektrifizierte Bahn durch alte Wohngebiete bergan und überwindet auf 3,7 Kilometern Strecke mehr als 320 Höhenmeter. Auf dem Széchenyi-Berg erreicht sie das eigentliche nostalgische Ziel – die Kindereisenbahn.

Auf der Schmalspur ist sie ein Relikt aus sozialistischen Zeiten. Damals waren von der Sowjetunion her kommend Pioniereisenbahnen recht weit verbreitet. Viele dieser beliebten Kleinbahnen sind erhalten geblieben und fahren nun als Parkeisenbahn oder eben Kindereisenbahn. Die 10- bis 14-Jährigen sind heute zwar keine Pioniere des Sozialismus mehr, aber noch immer Pioniere der Schiene. Sie betreiben die Bahn ehrenamtlich und gewissenhaft, verkaufen Fahrkarten, begleiten die Züge als Schaffner und kümmern sich um die Stellwerke. Nur die Lok steuert ein Erwachsener. Schön mit anzusehen ist es, wie der Zug an jedem Bahnhof von kleinen Eisenbahnern in Uniform mit gehobener Hand freundlich begrüßt und verabschiedet wird.

TIPP

Die Zahnradbahn ist offiziell Linie 60 und in der normalen BKK-Fahrkarte inklusive.

Langsam setzt sich der Zug mit seinen offenen Wagen in Bewegung. Ganz gemächlich rattert und schnauft er durch Wiesen und Wälder, schlängelt sich an Bergen entlang und durchquert sogar einen Kehrtunnel. Mit knapp 12 Kilometern Strecke steht die Bahn sogar als längste von Kindern betriebene Eisenbahn im Guinness-Buch.

Die erste Station Normafa ist ein beliebtes Wandergebiet mit Ausflugslokalen, bei Csillebérc verbirgt sich die alte Sternwarte auf einem waldigen Hügel. Jánoshegy ist die richtige Station, um zum Elisabeth-Aussichtsturm zu steigen. An der Endstation Hűvösvölgy besteht wieder Anschluss an Bus und Straßenbahn.

- Gyermekvasút Széchenyi hegy, Hegyhát út, 1121 Budapest
  gyermekvasut.hu/en/home
- ÖPNV: Tram 56, 59, Haltestelle Városmajor, dann Linie 60 (Zahnradbahn), Haltestelle Széchenyi hegy

Mk45-2005

Budapests Wassermusik

15 Musikspringbrunnen auf der Margareteninsel

Wasser ist eines der Dinge, denen man ewig zuschauen kann. Das gilt natürlich ganz besonders, wenn es so schön in Szene gesetzt wird wie mit dem großen Springbrunnen auf der Margareteninsel. Sie ist am besten über die gelbe Margaretenbrücke zu erreichen. Die Straßenbahnen 4 und 6 halten direkt auf der Brückenmitte am Zugang zur Insel. Zuvor sollte man sich die Aussicht von der anderen Brückenseite über die Donau und die Sehenswürdigkeiten der Stadt nicht entgehen lassen.

Beim Spaziergang auf die Insel kann man den großen Musikspringbrunnen nicht verfehlen. Stets treffen sich hier viele Leute, sitzen auf den Bänken rundumher oder gleich auf der Wiese. Für Kinder und Erwachsene gleichermaßen faszinierend anzuschauen ist, wie die beleuchteten Wasserfontänen, Wasserspiele und schwebenden Tröpfchen im Rhythmus der begleitenden Musik tanzen. An heißen Tagen sorgt der kühlende Lufthauch und mancher Sprühnebel für eine angenehme Erfrischung. Besonders stimmungsvoll wird es in der Abenddämmerung, wenn die Beleuchtung präsenter wird.

Der Musikspringbrunnen existiert bereits seit 1962 und gehört zum Kulturerbe. Mit seinen 36 Metern Durchmesser ist er der größte in Ungarn. Die mittlere Fontäne kann bis zu 25 Meter Höhe erreichen. 154 synchron zur Musik gesteuerte Düsen sorgen für immer neue Wasserspiele. Anfangs spielte dort noch Live-Musik, erst später kam sie aus der elektronischen Konserve. Inzwischen wurde der Brunnen mehrmals rekonstruiert.

Heute umfasst das Repertoire neben Welthits klassischer Musik auch Lieder für Kinder, Lieder über Budapest sowie Hits aus Rock, Pop und Unterhaltungsmusik. Fast alle Melodien sind jedermann bekannt. Für Klassikfreunde gibt es ungarische Tänze von Brahms, Mozarts Kleine Nachtmusik, Vivaldis Vier Jahreszeiten oder den Liebestraum von Liszt. Kinder freuen sich über das Lied von Vuk, dem kleinen Fuchs, oder Winnie Pooh. Modernere Titel reichen von Andrea Bocelli und Michael Bublé bis zu Guns N' Roses oder Steppenwolf.

- Musikbrunnen, Margitsziget, 1138 Budapest
- ÖPNV: Tram 4, 6, Bus 26, Haltestelle Margitsziget / Margit híd

Wie bei Tante Emma

16 Museum für Handel und Gastgewerbe in Óbuda

Alte Blechdosen für Lebensmittel, Milchkannen, Draht-Einkaufskörbe, Zeigerwaagen mit Einteilung in Dekagramm, wunderschön gestaltete Registrierkassen – wer kennt sie noch? Das recht einzigartige ungarische Museum für Handel und Gastgewerbe hat solche Relikte gesammelt. Bereits 1966 gegründet, befand es sich anfangs auf dem Budaer Burgberg. Vor einigen Jahren ist es in den Stadtteil Óbuda umgezogen und ist nun im ehemaligen Wohnhaus des Schriftstellers Gyula Krúdy untergebracht. Es entführt in längst vergangene Zeiten und nimmt den Besucher mit auf eine spannende Reise durch die Budapester Hotellerie und Kaffeehäuser. Hier finden sich originale Zimmereinrichtungen und Interieurs aus dem Grandhotel Gellért, eine gedeckte Tafel mit Geschirr vom Restaurant Gundel, Bistrotische, Thonetstühle und Zeitungshalter, wie sie in den Konditoreien üblich waren.

TIPP

Nebenan im Gasthaus Kéhli gibt es gleich noch etwas historische Gastlichkeit zu erleben.

Seit 2014 zeigt das Museum in einer erweiterten Ausstellung eindrucksvoll rund 200 Jahre Geschichte des Einzelhandels. Vom Tante-Emma-Laden bis zur bunten Welt der Kaufhäuser, von Design, Werbung, Produktverpackungen und Schaufenstern im Laufe der Zeit ist alles dabei. Man blickt in alte Geschäfte für Schreib-, Eisen- oder Kurzwaren. Ein schier unerschöpflicher Fundus historischer Zeugnisse und Kleinigkeiten.

Die eine oder andere berühmte Marke ist dort wiederzufinden, die es schon in früherer Zeit gab – von Globus-Konserven über Stühmer-Schokoladen bis zum echten alten Tisza-Turnschuh. Alte Werbeschilder für Korona oder Blechdosen von Droste mögen zum Schmunzeln anregen. Natürlich fehlt auch nicht das legendäre Unicum-Motiv mit dem aus dem Meer auftauchenden Kopf hinter der kugelförmigen Flasche.

Verblüfft mag man auch feststellen, dass manch moderne und umweltfreundliche Errungenschaft früher ganz selbstverständlich war. Viel mehr Waren als heute wanderten ohne Umverpackung nach dem Abwiegen über die Ladentheke. Damals gab es keine Plastiktüten, sondern jeder hatte zum Einkaufen etwa bunte Faltbeutel oder ein Einkaufsnetz dabei.

- Museum für Handel und Gastgewerbe, Korona tér 1, 1036 Budapest
  mkvm.hu/en/home
- ÖPNV: Vorortbahn H5, Tram 1, 41, Haltestelle Szentlélek tér

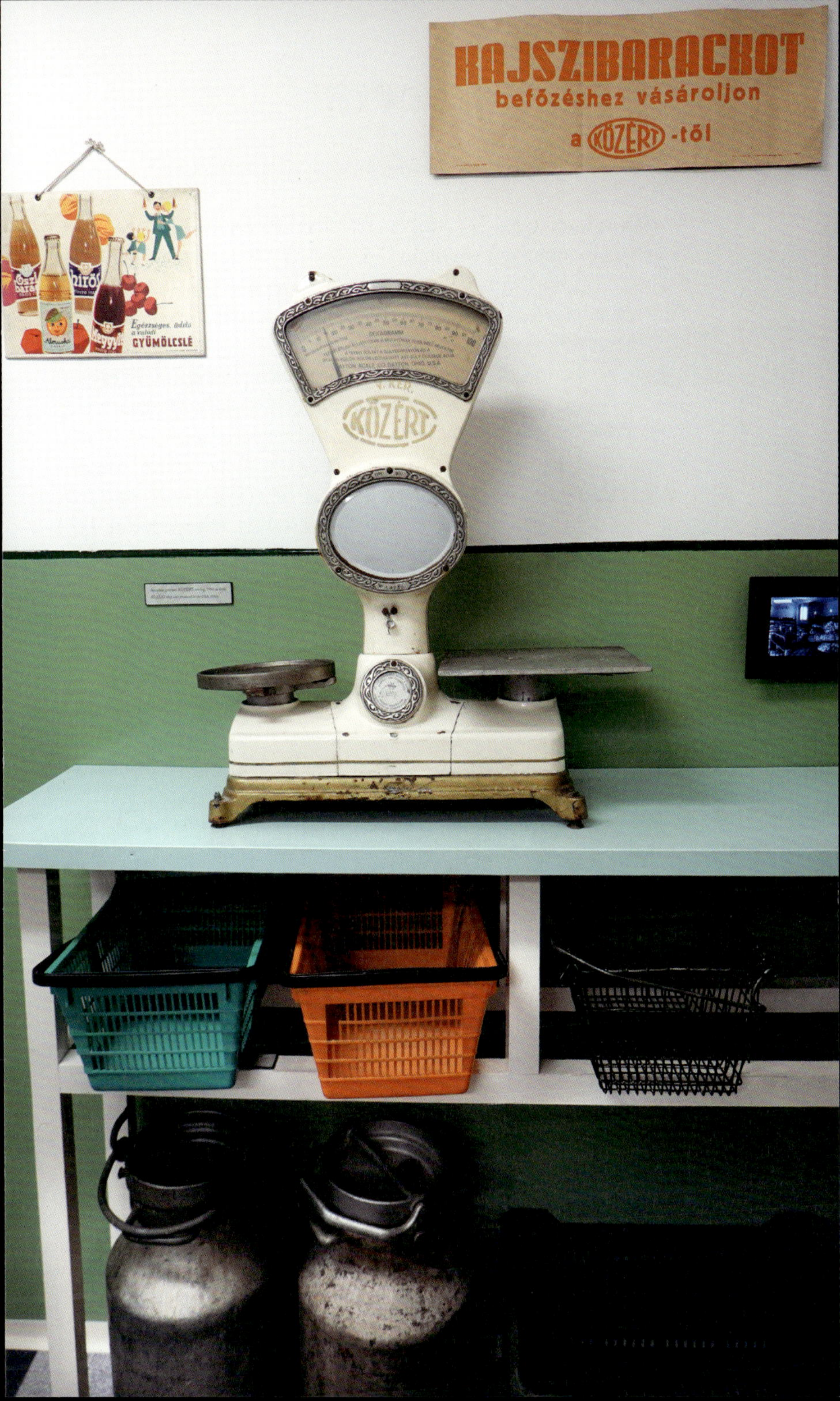
KAJSZIBARACKOT
befőzéshez vásároljon
a KÖZÉRT -től
KÖZÉRT
GYÜMÖLCSLÉ

Vinum regum, rex vinorum

17

Der Weinladen Bortársaság an der Kettenbrücke

Es geht auf das Jahr 1703 zurück, als Fürst Ferenc Rákóczi dem französischen Sonnenkönig Ludwig XIV. ein paar Flaschen seines Tokajers zukommen ließ. Begeistert äußerte der sich über den golden funkelnden Süßwein mit dem berühmt gewordenen Spruch „Vinum regum, rex vinorum". „Wein der Könige, König der Weine" gilt bis heute als Leitspruch der Winzer im ostungarischen Tokaj.

So ein Fläschchen Tokajer ist auch heute eine gute Idee für ein typisch ungarisches Souvenir. Natürlich hat der Wein der Könige seinen Preis, aber mit einer guten Empfehlung im Fachgeschäft findet sich dennoch für jeden Wunsch etwas Erschwingliches.

Bortársaság ist Ungarns führender Weinfachhändler. Alleine in Budapest gibt es 14 Filialen, und auch in jeder größeren ungarischen Stadt ist das Fachgeschäft anzutreffen. Der umfangreichste Laden befindet sich fast direkt an der westlichen Seite der Kettenbrücke neben der Standseilbahn. Hier gibt es die größte Auswahl und auch einige exklusive Raritäten, die sonst kaum noch zu finden sind.

Im modern eingerichteten Geschäft präsentieren die Regale unzählige feine Tropfen aus den immerhin 22 verschiedenen Weinregionen, die es im kleinen Ungarn gibt. Hier trifft man auf knackig frische Weißweine mit viel Mineralität von den vulkanischen Böden am Balaton oder auf blumig aromatische Weißweine aus Etyek vor den Toren der Hauptstadt. Die Rebsorten sind oft speziell ungarisch und deren Namen kaum auszusprechen – Cserszegí fűszeres, Kéknyelű, Királyleánka. Rotweine gibt es von kräftigen, frischen Sorten aus dem kühleren Norden wie dem Erlauer Stierblut (Egri bikavér) bis zu gehaltvollen, weicheren aus dem sonnigen Süden bei Villány oder Szekszárd.

Hier erfährt man auch, dass Tokajer längst nicht immer süß sind. In den letzten Jahren haben sich trocken ausgebaute Varianten der weißen Tokajer-Rebsorten Furmint, Hárslevelű und Muskateller zu charaktervollen Weinen mit internationalem Ansehen entwickelt. Im Laden ist man gerne bei der Suche und Auswahl behilflich.

TIPP

Borstore Berlin ist Partner und bringt ungarische Weine preislich fair nach Deutschland.

- Bortársaság, Lánchíd u. 5, 1013 Budapest
  www.bortarsasag.hu/en
- ÖPNV: Bus 16, Tram 19, 41, Haltestelle Clark Ádám tér

Engem
BOR
MOST // NOV
VILLÁNY
SIKE BALÁZS
KREINBACHER
GELLAVILLA
Ruppert

Durch Baumkronen schweben

18

Per Sessellift von Zugliget auf den János-Berg

Für einen Ausflug in die Budaer Berge gibt es wohl kaum ein spannenderes und unterhaltsameres Verkehrsmittel als den Sessellift von Zugliget. Die beliebte kleine Seilbahn bringt die Fahrgäste in etwa einer Viertelstunde ganz gemächlich auf den Bergrücken des János-Berges. Dort eröffnen sich viele Möglichkeiten für Sport, Spiel und leichte Wanderungen. Der Elisabeth-Aussichtsturm und die Kindereisenbahn sind nicht mehr weit. Mehrere Ausflugslokale sorgen für Erfrischung, Stärkung oder leckeres Eis.

Vom Stadtzentrum aus fährt der Bus 291 ab Westbahnhof oder Margaretenbrücke bis zum Vorort Zugliget. Alternativ nimmt man zunächst Straßenbahn 56 oder 61 ab der Metrostation Széll Kálmán tér bis Budagyöngye, von wo der Bus 291 nur noch wenige Haltestellen braucht. Neben der Seilbahnstation in Zugliget stehen zwei originale alte Wagen der Straßenbahnlinie 58 als Empfang für den dortigen Campingplatz. Ursprünglich fuhr die Pferdebahn bis hier hinauf zur Endstelle, heute endet die Straßenbahn weiter unten an der Remise.

TIPP

Anschließend kann man bei Szépilona aus dem Bus aussteigen und im Gartenrestaurant Remíz einkehren.

Seit 1970 ist die gut 1 Kilometer lange Strecke der Seilbahn in Betrieb. Scheinbar mühelos überwindet sie die 262 Höhenmeter. Im offenen Zweisitzer geht es gesichert nach oben. Nachdem der Sessel die ersten Maste leicht schaukelnd passiert und die letzten Häuser und Grundstücke am Hang unter sich gelassen hat, ist auch eine vielleicht aufgekommene Höhenangst bald verflogen. Es geht nur langsam voran, oft den beschwerlich wirkenden Pfad für den Aufstieg im Blick, der einem hier im Sessel erspart bleibt. Baumkronen und Sträucher reichen meist höher hinaus. Manche Zweige von Tannen, Birken und Obstbäumen recken sich zum Greifen nahe an das Gefährt. Der sich im Rücken zunehmend weiter auftuende Panoramablick über die Stadt bleibt vorerst unbemerkt. Die Talfahrt zurück verwöhnt dann mit tollen Ausblicken über die Villenviertel in den Bergen bis zu den Wahrzeichen im Stadtzentrum. Bei klarem Wetter reicht der Blick bis zu den Hügeln von Gödöllő.

- Sessellift Zugliget Libegő, Zugligeti út 97, 1121 Budapest
  www.bkv.hu/en/zugliget_chairlift_
- ÖPNV: Bus 291, Endhaltestelle Zugliget, Libegő

Der Zukunft zugewandt

19 Der Millenáris-Park

Während 1896 genau 1000 Jahre nach der Landnahme spektakuläre Bauten geschaffen wurden, war es 1000 Jahre nach Staatsgründung deutlich bescheidener. Ein Projekt ist allerdings bemerkenswert, das im Jahr 2000 das 6 Hektar große Gelände der ehemaligen Ganz-Eisengießerei und Elektrofabrik einer neuen Bestimmung zuführte.

Einige Gebäude der alten Ganz-Werke wurden abgerissen, andere in die Modernisierung einbezogen. Nachhaltige Gebäude mit moderner Raumgestaltung und anspruchsvollem Design sollten zu einem würdigen Umfeld für ein Messe- und Veranstaltungszentrum werden. Dabei ist der moderne Millenáris-Park entstanden. Der länglich angelegte Teich symbolisiert den Balaton, Seerosen und Enten tummeln sich darauf, eine Bar bietet Erfrischungen und Cocktails auf dem Freisitz. Metallskulpturen mögen noch ein wenig an die ehemalige Eisenfabrik erinnern. Ein thematischer Spielplatz greift Motive ungarischer Volksmärchen auf. Architektonisch ungewöhnlicher Blickfang ist das neue Gebäude des nationalen Tanztheaters mit seiner geschwungenen Dachform und der von Holz und Glas dominierten Gestaltung.

TIPP

Das alljährlich im Mai stattfindende Gourmet-Fest ist hier eine beliebte Veranstaltung.

Auf dem angrenzenden Bereich bis zur Ringstraße machten verfallene Bürogebäude Platz für den modernsten Park Széllkapu (Windtor), der im Jahr 2020 eröffnet wurde. Futuristische „Solarbäume“ spenden tagsüber Schatten und abends Licht. Der flächige Springbrunnen mit seinen Lichtspielen ist besonders in der Dunkelheit reizvoll. Am kleinen künstlichen See stehen Liegestühle, Leute entspannen, Pärchen suchen Gemeinsamkeit im blassen Lichtschein.

Der vertikal angelegte Garten kann bestiegen werden. Seine vergrößerte Grünfläche verbessert das Mikroklima und reinigt die Luft. Als Windtor trägt der Park so zur Belüftung der großen Straßen bei. Verblüfft hält man inne, wenn sich am Eingang des Parks fallende Wassertropfen zueinandergesellen und für Sekundenbruchteile Bilder aus Budapest formen, die in Windeseile auch wieder zerfließen. Möglich macht dies ein digitaler Wasservorhang.

- Millenáris, Kis Rókus utca 16–20, 1024 Budapest
  millenaris.hu/hu
- ÖPNV: Metro M2, Haltestelle Széll Kálmán tér; Tram 4, 6, 17, 19, Haltestelle Széna tér

Das Wollschwein zu Besuch

20 Mangalica-Festival auf dem Freiheitsplatz

Die Ungarn lieben ihr deftiges Essen. Für Salami und herzhafte Wurstwaren sind sie weltberühmt. Einen nicht unwesentlichen Anteil daran hat das Mangalica – das ungarische Wollschwein. Gibt es die eierlegende Wollmilchsau etwa doch?

Das Mangalica ist 1833 durch Züchtung aus serbischen und ungarischen Schweinerassen entstanden und erlebte in der zweiten Hälfte des 19. Jahrhunderts sein goldenes Zeitalter. Einst das Maß der Dinge, ist das Wollschwein später fast ausgestorben, als man fettärmere Schweine bevorzugte. Den Bemühungen von Ferenc Tóth und später der Uni Debrecen ist es zu verdanken, dass es ein phänomenales Comeback feiern konnte. Das Wollschwein ist wieder in aller Munde.

Immer mehr Fans lockt es zu den Mangalica-Festen. Das größte findet jährlich etwa am zweiten Februar-Wochenende auf dem Freiheitsplatz in Budapest statt. Neben den Bauern und Metzgern sind immer auch einige Tiere mit dabei – von der blonden Sau im gelockten Wollkleid über die wie Plüsch-Teddys wirkenden roten Wollschweine und die zweifarbigen Schwalbenbauch-Mangalica bis hin zu den lustigen Schwarzen. Wollschweine sind sehr intelligent, neugierig und auch dem Menschen gerne zugewandt. Dabei sind die drolligen und wolligen Schweine gutmütig und mögen die Streicheleinheiten sehr, die sie hier reichlich bekommen.

Im Mittelpunkt des Festes stehen die kulinarischen Freuden, die uns die Mangalicas bescheren. Feurige Kolbász vom Grill oder gebratene frische Hurka (eine Art Grützwurst) laden zur Stärkung ein. Wie man anderswo süße Snacks isst, gönnt man sich hier auch mal ein Tütchen frisch im Kessel geröstete Grieben für unterwegs.

Berühmt sind die Fettschweine für ihren unvergleichlichen Speck, den man hier in großer Auswahl erwerben kann. Wie wäre es mit Schweinekäse? Das ist der ungarische Name für eine deftige Sülze. Und wer ungarische Salami liebt, kann hier kennenlernen und kosten, was die Meister ihres Faches jenseits bekannter Produkte zaubern können – die Genussskala ist nach oben offen.

- Mangalica fesztivál, Szabadság tér, 1054 Budapest
  mangalicafesztival.hu/?lang=en
- ÖPNV: Metro M2, Haltestelle Kossuth Lajos tér

An der alten Remise

21 Das Restaurant Remíz Étterem

Die alte Straßenbahnremise Szépilona geht noch auf die Zeiten der Pferdebahn zurück. Bereits 1870 wurde sie erbaut und ist heute das älteste Straßenbahn-Depot in Budapest. Ab 1896 kam die Elektrifizierung. Noch heute sind mehr als 100 Tatra-Triebwagen dort stationiert. Auch wenn das benachbarte Remíz Étterem sehr traditionell wirkt, ist es weitaus jünger. Erst nach der Wende entstand 1992 das Familienrestaurant an der alten Remise und erlebte anfangs einen kometenhaften Aufstieg. Stars gaben sich die Klinke in die Hand, ohne Reservierung fanden auch sie damals oft keinen Platz. Die Zeit ist schnelllebiger geworden. Nur wenige nehmen sich noch die Zeit für ein ausgiebiges Essen im Restaurant.

Manch einer wird in der Corona-Zeit nicht schlecht gestaunt haben, als József Meződi, der Sänger der 70er-Jahre-Rockband Apostol, persönlich geklingelt hat, um das bestellte Essen vom Remíz auszuliefern. Seine Frau Alice betreibt das Restaurant. Sie meint heute: „Wo Retro so gefragt ist, besteht die Hoffnung, dass auch in der Gastronomie langsam wieder das Zeitalter einkehrt, in dem man sich in ein Restaurant setzt, um in Ruhe zu Mittag und zu Abend zu essen."

Genau dafür ist das Remíz ideal. Im geräumigen Garten des Lokals sitzt es sich herrlich im Schatten der großen Bäume. Leise plätschert ein Brunnen, die Gartenstühle sind bequem gepolstert und das Tafeltuch blütenweiß. Das familienfreundliche Restaurant hat einen kleinen Spielplatz und drinnen neben der gemütlichen Gaststube sogar ein ganzes Spielzimmer.

Touristen sind weniger geworden, die Speisekarte gibt es aber weiterhin in sechs Sprachen. Spezialitäten des Hauses sind die reichhaltige Zsüti-Suppe mit Ochsenschwanz, Gänsemägen und Keule, Zwiebelsuppe und Knoblauchsuppe. Hauptattraktion sind die großen Portionen gegrillter Rippchen, die lange mariniert sind und im Sommer im Freien auf dem Lavastein gegrillt werden. Was für ein Glück, endlich diese leckeren Rippen in den Händen zu halten.

- Remíz Kávéház és Étterem, Budakeszi út 5, 1021 Budapest, Tel.: +36 (1) 275 1396, remiz.hu/en
- ÖPNV: Tram 56, 59, 61, Haltestelle Budagyöngye; Bus 22, 222, 291, Haltestelle Szépilona

MIZ
59
56A MOSZKVA TÉR

Im stillen Disput

22 Philosophengarten auf dem Gellértberg

Der Gellértberg prägt weithin das Stadtbild. Neben der markanten Freiheitsstatue und der Zitadelle birgt er ein paar kleine Schönheiten, die es zu entdecken gilt. Empfehlenswert ist es, von der Elisabethbrücke aus die Treppen nach oben zu steigen. Vorbei geht es dort am Denkmal für den heiligen Gerhard, wo man sich rechts hält und schließlich auf eine Wiese mit Ausblick gelangt.

Fast unvermittelt trifft man auf eine ungewöhnliche Skulpturengruppe, die zum Nachdenken anregt. Die Personen sind rasch als Philosophen und Denker aus der Geschichte zu erkennen. Es sind die Gründer und Ikonen der Weltreligionen versammelt. Abraham, Jesus, Buddha, Laotse und der ägyptische Pharao Echnaton stehen im Kreis beieinander im stillen Disput. Minimalistisch veranstalten sie einen runden Tisch ohne Tisch. Die Köpfe sind nachdenklich gesenkt, demütig, betend. Gemeinsam blicken sie auf eine glänzende Stahlkugel in der Mitte und scheinen auf die Erleuchtung zu warten. Alle betrachten dasselbe Ganze, nur aus einem anderen Blickwinkel. Etwas seitlich stehend blicken Mahatma Gandhi, der buddhistische Mönch Bodhidharma und der heilige Franziskus von Assisi auf diese wundersame surreale Begegnung. Das Kunstwerk soll zum besseren gegenseitigen Verständnis der Kulturen und Religionen beitragen.

Die fernöstliche Inspiration ist unverkennbar. Die Figurengruppe stammt vom 1997 verstorbenen Bildhauer Nándor Wagner, der nach seiner Emigration aus Ungarn 25 Jahre in Japan lebte und wirkte. In der japanischen Stadt Mashiko entwarf er die Skulpturengruppe „Der Garten der Philosophie", wo ebenfalls eine Ausführung dieses Werkes präsent ist. Die ungarische Variante fand 2001 ihren Platz am westlichen Hang des Gellértberges.

Nur wenige Schritte entfernt eröffnet sich nicht nur ein wunderbarer Blick auf den Burgpalast, sondern eine romantische Skulptur aus Stein und Bronze zeigt symbolisch, wie sich König Buda und Prinzessin Pest über Donau und die stilisierte Stadt erheben und sich die Hände reichen.

- Filozófusok kertje, Gellért-hegy, 1016 Budapest
- ÖPNV: Tram 19, 41, Haltestelle Rudas Gyógyfürdő

Eiskalte Rosen

23 Die Eisdiele Gelarto Rosa an der Basilika

An einem heißen Sommertag in der Stadt gibt es wohl kaum eine schönere kleine Auszeit als ein leckeres Eis. Und in Budapest können die Sommertage ziemlich heiß werden. Es geht aber doch noch schöner. Richtig glücklich ist der, der statt einer schnöden Kugel eine eiskalte Rose in Händen halten darf.

Einen solchen Genuss bereitet die kleine nostalgisch gestaltete Eisdiele Gelarto Rosa ganz in der Nähe der Stephans-Basilika vor den Augen der staunenden Gäste zu. Gründerin Niki Szökrön hat die Kunst der Eiscremeherstellung an der Eisuniversität in Bologna erlernt. Sie sieht es als ihre Mission, jeden Tag tausende Menschen glücklich zu machen.

Für die Eisrose wählt man sich am besten zwei von den ausschließlich aus natürlichen Zutaten hergestellten Eissorten aus, die farblich und geschmacklich gut zueinander passen können. Mit einem kleinen Spatel entsteht dann Blatt für Blatt eine Blüte aus Eiscreme, die wahrlich sehr an eine Rose erinnert. Fast zu schade, um das kleine Kunstwerk nun einfach wegzuschlecken.

Bei den vielen verlockend klingenden Sorten fällt die Auswahl allerdings nicht leicht. Das Angebot reicht von Eis nach italienischer Art wie Stracciatella, Gianduia und Pistazie über mehr ungarische Geschmacksrichtungen wie Kirschsuppe und Rákóczi-Quark bis hin zu ungewöhnlicheren würzigen Sorten wie Zimt, Basilikum-Zitrone oder Salzkaramell. Natürlich darf auch Roseneis für die Eisrosen nicht fehlen. Zudem gibt es zucker- und laktosefreie Sorten.

Früher oder später stößt man in der Stadt noch auf eine andere ungewöhnliche Eisdiele, die mehrere Filialen hat. Markenzeichen sind das Design im Indigo-Violett und das davorstehende komplett violette Fahrrad. Wie die Farbe schon erahnen lässt, ist die Spezialität der Levendula Kézműves Fagylaltozó ein handgefertigtes Lavendel-Eis. Der Lavendel dafür stammt übrigens aus dem Balaton-Oberland. Viele weitere nicht alltägliche Sorten wie Punsch, Mohn oder auch Tokajer laden zu einer Geschmacksreise ein.

- Gelarto Rosa, Szent István tér 3, 1051 Budapest
gelartorosa.com/en
- ÖPNV: Metro M1, Haltestelle Bajcsy-Zsilinszky út

Glühwein und Lichterglanz

24 Weihnachten in Budapest

Der Weihnachtsmarkt in Budapest gilt als einer der schönsten in Europa. Mittlerweile ist er auch international bekannt und beliebt geworden. Neben dem Hauptmarkt auf dem Vörösmarty tér präsentiert sich der Lichterzauber an der nahe gelegenen Stephans-Basilika besonders romantisch.

An den mehr als 100 Verkaufsständen legt Budapest viel Wert auf traditionelles ungarisches Handwerk und Volkskunst. Beim Schlendern lässt der weihnachtliche Duft den Besucher unweigerlich an einem Stand verweilen, der aus geschnitzten Orangen, Zimtstangen und Lorbeerblättern gefertigte Duftgestecke anbietet. Fündig wird man bei warmen Wintersachen ebenso wie bei Tischdecken oder feinsten Lederhandschuhen aus einer Manufaktur in Pécs. Verschiedenste Gegenstände aus Keramik oder Holz dienen oft nicht nur als Schmuck, sondern sind auch praktisch in der Küche einsetzbar. Selbst der handwerklich hergestellte Teddybär ist hier noch nicht ausgestorben. Wer ein paar Dinge zum Verschenken gefunden hat, bekommt am Stand von Bomo Art gleich noch künstlerisch gestaltete Schachteln, Geschenkpapiere und feine Schreibwaren.

TIPP
Ruhiger und beschaulicher ist der kleinere Weihnachtsmarkt im Stadtteil Óbuda.

An der Basilika offerieren auch die Streetfood-Anbieter ihre Kreationen. Abends verzaubert eine Lichterschau die Fassade der Basilika, drinnen erklingen Orgelkonzerte. Vor allem für Kinder ist die davor angelegte Eislauffläche ein besonderer Spaß.

Überall drehen sich Teigrollen über der Holzkohle. Der gegrillte Kürtőskalács (Schornsteinkuchen) ist der beliebteste süße Imbiss. Zu Weihnachten gehören unbedingt auch Bejgli. Ebenso verwöhnen Lebkuchen, Strudel, Marzipan oder jüdische Flódni den Gaumen. Deftiges reicht vom gegrillten Eisbein über gefülltes Kraut bis zu Gänsekeulen. Weihnachtsmarkt und Glühwein sind untrennbar miteinander verbunden. Mitunter wird er noch typisch ungarisch aus dem dampfenden Kessel geschöpft. Er ist weniger schwer und süß, eher frisch, würzig-aromatisch. Eine typische ungarische Punschvariante ist Krampampuli.

● Vörösmarty tér/Szent István tér, 1051 Budapest
budapestikaracsony.hu/en
● ÖPNV: Metro M1, Haltestelle Vörösmarty tér oder Bajcsy-Zsilinszky út

Feuchtfröhliche Bustour

25

Mit Riverride per Bus durch die Donau

Stadtrundfahrten sind zwar informativ, zeigen aber meistens nur die ganz bekannten touristischen Highlights und nicht unbedingt die besonderen Glücksorte. Eine gewisse Ausnahme macht seit 2009 die Bustour mit Riverride, wo die ungewöhnliche Tour selbst zum Glücksmoment wird. Los geht es nahe der Kettenbrücke gegenüber vom Denkmal des Grafen Széchenyi mehrmals täglich zu kurzen und langen Touren. Der lustige gelbe Bus kommt schon mit einem schmunzelnden Gesicht angefahren.

Vor dem Start des Amphibienfahrzeugs beginnt die Tour ähnlich wie im Flugzeug. Erst nach einer Belehrung über die Schwimmwesten werden alle Türen und Schotten dicht verschlossen. An jedem Platz steht ein Audioguide mit zwölf Sprachen für die Führung bereit.

Allmählich setzt sich der Bus ganz normal in Bewegung. Vorbei geht es an der mächtigen Stephans-Basilika und der Großen Synagoge. Die Route führt zum Prachtboulevard Andrassy út mit dem wunderbaren Opernhaus, das zwar kleiner, aber dennoch schöner als die Wiener Staatsoper sei. Weiter geht es zum Heldenplatz und am Zoo vorbei. Interessante Fakten und lustige Anekdoten zu den Sehenswürdigkeiten machen die Fahrt fröhlich und unterhaltsam. Wer hätte schon gewusst, dass viele Tiere im Zoo ein eigenes Thermalbad haben.

Weiter geht die Tour durch einige Wohngebiete in Richtung Donau. Im Bus steigt die Spannung, was gleich passieren wird. Wie weit wird er ins Wasser einsinken? Wird es drinnen trocken bleiben? Recht weit nördlich gegenüber der Margareteninsel geht es nun eine 70 Meter lange Rampe hinab zum Eintauchen in die Donau. Siehe da, das Gefährt schwimmt tatsächlich und bleibt auch dicht. Mit dem Schiffsmotor wird es allerdings deutlich lauter. Ganz gemächlich tuckert er vor sich hin und bringt den Bus in Richtung Margaretenbrücke. Die anderthalbstündige größere Tour führt noch weiter bis zur Kettenbrücke und bietet unterwegs genug Zeit für Blicke auf Parlament, Burgberg und Matthiaskirche, wie sie sonst nur vom Schiff aus möglich sind.

● Széchenyi István tér 7/8, 1051 Budapest
riverride.de
● ÖPNV: Tram 2, Haltestelle Széchenyi István tér

+36 1 33-22-555
www. RiverRide .com

Zünftig und lecker

26

Das Restaurant Király 100

Seit 1893 ist die Ecke an der Király utca Nummer 100 ein Ort der Gastlichkeit. Damals hieß die Einrichtung „Sör csarnok“ – Bierhalle. Über einige Jahrzehnte war sie ein gemütlicher und beliebter Treffpunkt, der dann etwas in Vergessenheit geriet. Genau 100 Jahre später öffnete das Restaurant 1993 wieder als Haxen Király Étterem im bayerischen Stil. Rasch wurde es für seine knusprigen Schweinshaxen berühmt.
20 Jahre später präsentierte sich das Haus im neuen Gewand als Király 100. Inzwischen orientiert man sich stärker an der traditionell ungarischen Küche. Geblieben ist aber das Münchener Bier, frisch gezapft vom Fass. Und den Gast empfängt weiterhin eine gemütliche und zünftige Atmosphäre mit viel massivem Holz und origineller Dekoration. Recht unterhaltsam sind die angebrachten alten Geldscheine aus aller Welt.
Die Speisekarte ist wesentlich anspruchsvoller geworden. Bei den Zutaten legt man viel Wert auf beste Herkunft und erläutert, von welchem Bauernhof aus welchem kleinen Ort Fleisch, Geflügel und Milchprodukte stammen. Mit seiner Qualität muss sich das Király 100 auch vor den Spitzenrestaurants nicht verstecken.
Wie wäre es zum Aufwärmen erst mal mit einer Leberknödelsuppe oder klassischen Gulaschsuppe? Oder doch eher eine kleine Auswahl aus der Räucherkammer? Ungarische Klassiker wie Kalbspaprikasch, Budapester Lendenbraten, Hähnchen im Korb oder Entenleber nach Tokajer Art sind in der Karte speziell hervorgehoben. Besonders köstlich ist auch das Nackensteak vom Mangalica-Schwein mit Ofenkartoffeln und frischem Letscho. Saisonale Angebote wie Gänse- oder Wildspezialitäten stehen auf der Tageskarte.
Die Weinkarte ist überschaubar klein, aber wohlüberlegt. Klassisch ungarische Weine verschiedener Rebsorten werden in guter Qualität zumeist auch glasweise ausgeschenkt. Schwerer fällt hingegen die Auswahl aus rund 150 hochwertigen Pálinka (Obstbränden) von Wildkirsche über Quitte, Vogelbeere und Williamsbirne bis zum Tresterbrand aus Aszú-Trauben.

- Király 100 Gastro Corner, Király utca 100, 1068 Budapest, Tel.: +36 (1) 351 6793 kiraly100.hu/en/king100restaurant
- ÖPNV: Metro M1, Haltestelle Kodály körönd; Trolleybus 70, 76, 78, Haltestelle Izabella utca

Es begann mit einer Rose

27 Das Schokoladenmuseum von Szamos

Schokolade macht glücklich, sagt man. Für einen Besuch im Schokoladenmuseum muss das natürlich ganz besonders zutreffen. Ein solcher Glücksort befindet sich an einer Straßenecke neben dem Parlament im Obergeschoss des bistroartigen Café Szamos. Gleich zum Eintritt im Museum bekommt der Besucher ein kleines Marzipanherz geschenkt. Die Familiengeschichte von Szamos begann 1935, als der in Szentendre aufgewachsene serbische Junge Mladen Szavits (ungarisch Mátyás Szamos) in der damals berühmten Budapester Auguszt-Konditorei anfing und von einem dänischen Konditor lernte, wie man mit viel Übung und Fingerfertigkeit aus Marzipan Rosen formt. Unzählige solche Rosen sind über die Jahrzehnte entstanden. Heute fertigt Szamos nicht nur Marzipan, sondern der Name steht auch für Schokolade, feinste Pralinen, Torten und Confiseriekunst.

Im Jahre 1986 ist der Familientraum eines Schokoladenmuseums wahr geworden. Mehrere Räume führen durch die Geschichte und Ursprünge von Kakao und Schokolade. Weiter präsentieren sie die Kultur des Genusses von heißer Schokolade und dafür verwendete wertvolle Porzellanstücke aus Meißen, Wien und Herend, denn früher wurde Schokolade nur flüssig genossen. Mit den Möglichkeiten der industriellen Schokoladeherstellung entstanden wunderschön geschmückte und lithografierte Metalldosen für deren Verkauf. Auch altbekannte internationale Namen wie Sarotti, Stollwerck, Trumpf, Meinl, Tobler und Stühmer finden sich auf den Dosen wieder. Seit Mitte des 19. Jahrhunderts begann man, Schokolade in Zinnformen zu gießen. Die Sammlung alter Formen im Museum macht nachvollziehbar, wie Nikoläuse, Hasen und sonstige Gestaltungen aus Schokolade entstehen.

Eines der beliebtesten Motive künstlerischer Reproduktionen ist das Schokoladenmädchen vom Gemälde von Jean-Étienne Liotard aus dem Jahre 1743. Szamos hat das Schokoladenmädchen in einer hier ausgestellten lebensgroßen Statue aus Marzipan geformt. Auch Parlament und Krönungsinsignien sind aus Marzipan zu bestaunen.

TIPP

Das elegante Café Szamos Gourmet-Haus am Vörösmarty tér lohnt ebenfalls einen Besuch.

- Szamos Csokoládé Múzeum, Kossuth Lajos tér 10, 1055 Budapest www.csokolademuzeum.hu
- ÖPNV: Metro M2, Tram 2, Haltestelle Kossuth Lajos tér

Markttag in der Kneipe

28

Der Szimpla-Bauernmarkt am Sonntag

Als die Urmutter aller Ruinenkneipen ist der Szimpla kert ein feststehender Begriff in Budapest. Mittlerweile ist er so bekannt, dass sich vor allem abends draußen lange Schlangen bilden und die Menschen auf Einlass hoffen.

Der Putz ist von der Fassade gefallen, vieles wirkt marode. Doch Fahnen wehen, und die Dekoration macht neugierig. Drinnen öffnet sich eine skurrile Welt voller bunter Lichter, teils bekritzelter Wände und kurioser Gegenstände, die da scheinbar wahllos angebracht sind und für Unterhaltung und Belustigung sorgen. Bunte Stühle und Tische stehen im Innenhof, man wähnt sich fast wie auf einem Trödelmarkt. Das Ambiente im Szimpla ist schräg und cool, die Preise haben sich aber inzwischen internationalen Gepflogenheiten angepasst. Dennoch bleibt das Szimpla Kult.

Wesentlich entspannter ist ein Besuch am Sonntag, wenn sich hier fast 40 Händler zu einem kleinen Bauernmarkt zusammenfinden. Früh um 9 Uhr sind die Spuren der vergangenen Partynacht verschwunden, und bis 14 Uhr erlebt der Szimpla-Garten eine Verwandlung zum lockeren Marktplatz.

Salami unter der Discokugel, Möhren und Paprika an der Weinbar, Speck und hausgemachte Marmeladen unter einem hängenden Schaukelpferd, Ziegen- und Räucherkäse neben der Cocktail-Theke, frisches Brot und saures Gemüse unterm bunten Sonnensegel, Honig, Kürbisse, Paprikapulver – hier ist alles möglich. Die freundlichen Händler bieten oft Kostproben ihrer regionalen Spezialitäten an. Sicher findet sich dabei die eine oder andere Leckerei zum Mitnehmen. Und ein Einkauf unterstützt die ungarischen Bauern vor Ort.

Erste Getränke-Theken sind schon wieder geöffnet. In der oberen Etage vom Szimpla gibt es ein Frühstücksbüfett, das zum großen Teil aus den Produkten der Händler zusammengestellt ist. Der Bauernmarkt ist auch ein echter kultureller Treffpunkt. Jeden Sonntag spielt hier Live-Musik, mal Jazz, mal Volksmusik, mal Weltmusik.

TIPP

Eine typische Ruinenkneipe, wo man meist nicht anstehen muss, ist das Csendes.

● Szimpla kert, Kazinczy u. 14, 1075 Budapest
szimpla.eu/what-we-do
● ÖPNV: Bus 5, 7, 8E, 110, 112, Haltestelle Uránia

Szimpla
KERTMOZI
14
14
VII.ker. Erzsebetvaros
Kultúra utcája
OPEN

Sissis Ausblick

29 Der Elisabeth-Aussichtsturm in den Budaer Bergen

Der János-Berg ist mit 528 Metern die höchste Erhebung der Budaer Berge und reicht mehr als 400 Meter über das Flussbett der Donau. Schon früher war dies ein beliebter Ausflugsort, von dem aus man der Legende nach sogar manchmal die Gipfel der Hohen Tatra sieht. Auch Kaiserin Sissi mochte diesen Ausblick und besuchte den höchsten Punkt Budapests im Jahre 1882 mehrmals. Damals gab es allerdings nur einen recht bescheidenen Holzturm. Den ihr später gewidmeten Aussichtsturm hat sie nie besteigen können.

Der mächtige Rundturm wurde von 1908 an gebaut und 1910 eröffnet. Er basiert auf Plänen von Pál Klunzinger und dem bekannten Architekten Frigyes Schulek, dessen Hauptwerk die Budapester Fischerbastei ist. Die Ähnlichkeiten der Gestaltung beider Bauwerke im neoromanischen Stil sind unverkennbar. 1926 war der Turm übrigens das erste Bauwerk in Ungarn mit einer abendlichen Schmuckbeleuchtung. Erst später folgten Parlament und Fischerbastei.

Mit dem Sessellift Zugliget oder der Kindereisenbahn bis zur Station Jánoshegy lässt sich der Aufstieg zum Turm heute erheblich erleichtern. Recht bequem ist die Wanderung auch noch ab Normafa. Etwas länger und anspruchsvoller wird der Weg ab Szépjuhászné über die Jánoshegyi út, oder man wählt gar den schroffen Pfad neben dem Sessellift.

Der Turm aus massivem Kalkstein ist 23,5 Meter hoch, kostenlos zu besteigen und verfügt über vier Aussichtsplattformen, die ein fantastisches Panorama über die Berge und Budapest bieten. Eine warme Jacke und ein Fernglas sollten zur Ausrüstung gehören, denn ganz oben weht meist ein straffer Wind. Im Stadtpanorama ist das Parlament leicht auffindbar. Zu erspähen sind aber auch Stephans-Basilika, Burgpalast, Puskás-Arena, Gellértberg und der neue MOL-Tower. Vor dem Aufstieg informiert eine kleine Ausstellung zur Turmgeschichte und über Kaiserin Sissi. Im hauseigenen Café kann man drinnen oder draußen eine Rast einlegen, bevor man sich für eine Rückweg-Variante entscheidet.

● Erzsébet-kilátó, Erzsébet kilátó út, 1121 Budapest
normafapark.hu/latnivalok/janos-hegyi-erzsebet-kila
● ÖPNV: Tram 60 Zahnradbahn, Haltestelle Széchenyi-hegy: Kindereisenbahn, Haltestelle Jánoshegy

Schönste Art einzupacken

30 Schreibwaren- und Designgeschäft Bomo Art

Bomo Art in Budapest ist ein so winziges Schreibwarengeschäft in der Régiposta utca, dass man es fast übersehen mag, selbst wenn man direkt davorsteht. Mit stilvoller Atmosphäre entführt es in eine Zeit der Schreibkultur weit vor den elektronischen Medien. In der Belle Époque verfasste man noch Briefe, Postkarten oder gar geheime Tagebücher. Mit Feder und Tinte flossen die Gedanken damals aufs Papier. Erhaltene Schätze hütete man in schmucken Alben oder Schachteln. Károly Boldizsár liebte schon immer Papiere und alte Druckmaschinen. Er wollte sie wieder zum Leben erwecken. 1997 ist sein Traum mit der eigenen kleinen Manufaktur Bomo Art wahr geworden. Die studierte Grafikerin Éva Hollósi war von dieser nostalgischen Atmosphäre und alten Illustrationen fasziniert. Heute entwirft sie die Designs und realisiert die Originalvorlagen mit Aquarelltechnik, bevor sie in den Druck gelangen. Durch die kreative Arbeit ist der unverwechselbare Bomo-Art-Stil entstanden. Bomo Art ist weit mehr als ein Schreibwarengeschäft, es ist Grafikdesign, es ist Kunst, es ist eine über die Landesgrenzen hinaus bekannt gewordene Institution in Budapest.

TIPP
Kürzlich eröffnete ein zweites Geschäft im Burggartenbasar.

Im winzigen Laden können kaum mehr als zwei Leute gleichzeitig in den Dingen stöbern. Deckenhoch türmen sich Fotoalben, Kalender und in hochwertigem Rindsleder gebundene Tagebücher, papierbezogene Kästchen und Schachteln mit nostalgischen Motiven. Ornamente des Jugendstils und aus Budapest, alte Landkarten, Ballone, Planeten, Spielkarten sowie wundervolle Tier- und Pflanzendarstellungen dienen als Schmuck. Fasziniert bleibt man vielleicht beim Blick durch ein Kaleidoskop hängen.

Kulissenartig blättert man auf der anderen Ladenseite durch Postkarten, mit Motiven gefütterte Briefumschläge und unzählige Bogen Geschenkpapier. Immer wieder tauchen neue Motive auf. Stilecht passend dazu gibt es Tinten und Werkzeuge für die Kalligraphie. Es ist eine wahre Fundgrube für kleine Geschenke und Aufmerksamkeiten, die man sich auch selbst gönnen kann.

- Bomo Art, Régiposta utca 14, 1052 Budapest
  www.bomoart.com
- ÖPNV: Metro M1, Haltestelle Vörösmarty tér

Gib Signal, Andy

31 Der ungarische Bahnhistorische Park

Eisenbahnromantik in Ungarn ist oft untrennbar mit Piroschka verbunden, jener etwas melancholischen Liebesgeschichte aus Hodmezővásárhelykutasipuszta im alten Kultfilm mit Liselotte Pulver. Die Eisenbahn in Ungarn hat aber unabhängig vom Film eine lange Geschichte als Transportmittel und Drehscheibe zwischen Ost und West.

Der Bahnhistorische Park ist das größte Eisenbahnmuseum Mitteleuropas. Auf mehr als 7 Hektar wird eine umfangreiche Sammlung alter Waggons, Lokomotiven und sonstiger mitunter kurioser Vehikel auf Schienen direkt erlebbar und greifbar. Ein Spaß für Groß und Klein. Der Museumspark befindet sich auf einem alten Betriebsgelände der Bahn ein paar Kilometer nördlich vom Westbahnhof – dem Norddepot.

Die alte Drehscheibe von 1911 funktioniert noch heute und ist aktiv im Betrieb zu besichtigen. Rund 50 Lokomotiven vom schweren Dampfross bis zum leistungsstarken Triebwagen sowie zahlreiche weitere Personen- und Güterwagen sind zu bestaunen. Der Aufstieg auf so eine alte Dampflok vermittelt ansatzweise, was für eine ungeheuer schwere Arbeit das Beheizen und Fahren damals war.

Diverse Schneepflüge wirken wie wahre Monster aus Eisen. Gleisbaumaschinen und gar Autos auf Schienen gibt es zu entdecken. In alte Personenwagen von der Holzklasse bis zum Schlafabteil kann man einsteigen. Manche Abteile wirken richtig gemütlich mit Gardinen und ihrer funktionalen Einrichtung bis hin zu Sesseln und Schreibtisch. Wer selbst aktiv werden möchte, kann sich auf einer Draisine versuchen.

Besonderes Schmuckstück in der Wagenhalle des Museums ist ein originaler Speisewagen des legendären Orient-Expresses aus Teak-Holz. Markant prangt das große Wappen der Gesellschaft außen am Wagen. Das luxuriöse Innere darf man allerdings nur durch die Fenster bestaunen. Für Kinder zieht eine Minibahn im Park langsam ihre Runden, während sich Erwachsene eine Pause gönnen. Wer es noch etwas kleiner mag, schaut sich in der Modelleisenbahnausstellung um.

● Magyar Vasúttörténeti Park, Tatai út 95, 1142 Budapest
www.vasuttortenetipark.hu/en

● ÖPNV: Tram 14 ab Lehel tér, Bus 30 ab Keleti-Bahnhof bis Haltestelle Rokolya utca

Wie anno dazumal

32 Das Bambi Eszpresszó in der Frankel Leó út

Kaum mehr als 100 Meter vom Donauufer und nur einen kleinen Spaziergang von der Margaretenbrücke entfernt liegt das „Bambi" an einer Straßenecke in einem älteren Wohnblock. Etwas schlicht scheint es von außen, von drinnen grüßt fast kitschig das namensgebende kleine Reh. Das Bambi lässt sich schwer einordnen, ob es nun Café, Restaurant oder Imbiss ist. Auf jeden Fall ist es retro. Seit 1961 hat sich im Bambi fast nichts geändert. Es ist einer der authentischsten Orte der frühen 60er-Jahre, und man achtet genau darauf, dass dies auch so bleibt. Selbst bei den Preisen könnte man meinen, noch in alter Zeit zu leben. Das Interieur entspricht dem Zeitgeist der 60er, wie man sich damals eine Mokka-Bar vorgestellt hat. Im geräumigen Inneren dominieren Stühle aus schwarzem Stahlrohr mit rotem Kunstlederbezug das Bild. Die runden Tische schmücken weiße Spitzentischdecken wie bei Oma. Die Vorhänge sind etwas in die Jahre gekommen, auch Geschirr und Besteck sind authentisch geblieben. Dies ist vielleicht einer der letzten Orte, wo es den Kaffee noch im typisch ungarischen Kaffeeglas gibt.

Das Bambi öffnet bereits früh um 7 Uhr und ist für sein Frühstück bekannt. Hier stellt man sich Brötchen für Brötchen preiswert einzeln zusammen. Und das Bambi ist wohl auch der einzige Ort, wo es den ganzen Tag Frühstück gibt. Der Klassiker ist das warme Sandwich – nach Wunsch belegt, mit Käse überbacken und mit Ketchup-Flasche serviert. Hervorragend auch die würzigen Debrecziner Würstchen.

Die umfangreiche Getränkeauswahl hält alles bereit von Kaffee, Tee und heißer Schokolade über hausgemachte Limonaden und Sirup-Getränke, frisch gezapfte Biere bis hin zu einer soliden Auswahl ungarischer Weine. Natürlich bereitet man hier auch Fröccs (Schorle) nach Gästewunsch zu.

Eine Kuriosität sei noch erwähnt: Jeden Abend um 21:45 Uhr ertönt eine Glocke im Bambi und informiert „Liebe Gäste, bitte essen, wir wollen schließen". Punkt 22 Uhr ist dann Ladenschluss, um die Bewohner darüber nicht zu stören.

- Bambi Eszpresszó, Frankel Leó út 2–4, 1027 Budapest
- ÖPNV: Tram 19, 41, Haltestelle Bem József tér; Tram 4, 6, Vorortbahn H5, Haltestelle Margit híd, budai hídfő

GLOBUS
MINDENNAPI
Ketchup
ESZPRESSZÓ

Retro und Rock

33 Plattenladen Lemezkuckó

Die Schallplatte ist wieder da. In Budapest war sie jedoch nie weg. Viele kleine und oft spezialisierte Plattenläden haben CD, MP3 und Streaming überdauert. Einer der ältesten und etwas größeren Läden ist der seit 1986 so bestehende Lemezkuckó (Plattenwinkel). Hier gibt es nicht nur alte und neue Vinyl-Schallplatten, sondern auch CDs, DVDs, Konzertkarten und sogar noch Musikkassetten.

Lemezkuckó bietet die Chance, durch das Vinyl der alten Zeit zu stöbern und den einen oder anderen Retro-Hit von internationalen Stars zu finden. Hier fühlt man sich wie in einer Mischung aus Fachgeschäft und Secondhand-Laden. Fast deckenhoch reichen die Regale mit neuen und älteren CDs und Platten. Die unzähligen Kisten und Kartons darunter stecken oft voller Überraschungen und sind ein wahres Füllhorn an Musikvielfalt. Lemezkuckó hat aber auch neueste Alben parat, verfügt über eine umfangreiche Klassik-Abteilung und bietet alles ebenfalls per Online-Shop an.

Spannend ist eine Entdeckungsreise durch die ungarische Musik, denn mit seiner Musikvielfalt muss sich Ungarn wahrlich nicht verstecken. Wer weiß schon, dass Omega mit 50 Millionen verkauften Platten die erfolgreichste Rockband des Ostens war? Ihren größten Hit „Gyöngyhajú lány" (Mädchen mit dem Perlenhaar) aus dem Jahr 1969 haben sogar die Scorpions gecovert.

Der Komponist Gábor Presser schrieb unzählige weitere Hits für verschiedene Interpreten und produzierte 50 Jahre später ein Erfolgsalbum für die junge Rúzsa Magdolna mit wunderschönen Balladen. Besonders gefühlvolle Melodien stammen seit mehr als 50 Jahren aus der Feder des Liedermachers und Gitarristen Bródy János. Erfolgreich war er einst mit der Band Illés. Er ist es bis heute als Solokünstler und als Songschreiber für die beliebte Schlagersängerin Zsuzsa Koncz.

Mehr chansonartige Lieder findet man bei Máté Péter, und für Discomusik ist man bei der Neoton familia richtig. Man schaue etwa auch nach Locomotiv GT, Demjén Ferenc, Apostol, KFT, Edda Művek, Katona Klári, Kovács Kati oder Cserháti Zsuzsa.

- Lemezkuckó, Király utca 67, 1077 Budapest
- ÖPNV: Metro M1, Haltestelle Oktogon; Tram 4, 6, Haltestelle Király utca / Erzsébet körút

JAZZ
GLS
MÁTÉ PÉTER
HUNGARIAN
GABIMAR

Enten und Schildkröten

34 Japanischer Garten auf der Margareteninsel

Die grüne Margareteninsel ist das größte innerstädtische Naherholungsgebiet von Budapest. Sie liegt inmitten der Donau und ist von der Margaretenbrücke im Süden sowie der Árpád-Brücke im Norden aus zugänglich. Unter den ausgedehnten Grünflächen und Parkanlagen sticht der bereits zum Ende des 19. Jahrhunderts angelegte Japanische Garten als besonders idyllischer Ort heraus. Er ist frei zugänglich und geht meist fließend in die Umgebung über.
Ein japanischer Garten ist eine bewusst angelegte Landschaft, die Harmonie symbolisieren und schaffen soll. Diese meditative Umgebung ist wunderbar, um zu entspannen und in Gedanken zu versinken. Die Wege geleiten den Besucher wie von selbst durch den Garten. Bäume und Sträucher sind so angeordnet, dass ihre Formen und Grünnuancen abwechslungsreiche Szenerien schaffen und Schatten spenden. Man trifft auf Pinien und Essigbäume, auf Japanischen Ahorn, die Echte Sumpfzypresse und Asiatische Mammutbäume, auf Englische Eiche und Kaukasische Flügelnuss.
Am kleinen See warten Bänke, um in Ruhe den künstlichen Wasserfall zu betrachten und das Treiben zwischen Bambus und Seerosen zu beobachten. Schildkröten tummeln sich im Wasser oder sonnen sich an den Statuen. Auch die Wildenten lassen sich gerne in dieser idyllischen Umgebung nieder. Im oberen See steht der „Krabbenfischende Junge" von Miklós Ligeti – eine Bronzestatue, die um 1893 zusammen mit dem heute im Gellért-Bad befindlichen Entenmädchen entstanden sein soll. Aber erst viel später hat er den Weg in den Japanischen Garten gefunden. An anderer Stelle sitzt in gewisser Weise die kleine Meerjungfrau von Budapest. Sie hat aber nichts mit ihrer bekannten Namensschwester in Kopenhagen zu tun. Diese Skulptur heißt „Sitzendes Mädchen" und stammt aus dem Jahr 1911 von Imre Csikász.
Vom Japanischen Garten aus kann man dann die Margareteninsel weiter erkunden, den historischen Wasserturm von 1911 besuchen, seine Panoramaplattform für einen Rundblick besteigen und dort auch unten einkehren.

- Japánkert, Hajós Alfréd stny., 1138 Budapest
- ÖPNV: Bus 25, Haltestelle Zenélő kút oder Szállodák

Charme der Belle Époque

35 Das traditionsbewusste Hotel Astoria

Der Name Astoria verspricht weltweit gediegene Gastlichkeit. Genauso ist es auch im legendären Budapester Traditionshotel. Sein Name leitet sich tatsächlich vom alten Waldorf-Astoria in New York ab, denn der erste Chef im 1914 neu eröffneten Budapester Hotel hatte zuvor dort gearbeitet.

Mit Hotellegenden wie dem riesigen Gellért, dem luxuriösen Gresham-Palast an der Kettenbrücke oder dem mondänen Grandhotel Royal, das eher an das Grand Budapest Hotel im Film erinnert, kann und will das Astoria nicht ganz mithalten. Seine Atmosphäre wirkt stattdessen familiär, gemütlich und sympathisch. Die wohnlich bemessene Hotellobby mit ihren grünen Marmorsäulen, vergoldeten Spiegeln, der kleinen Flügeltür sowie den Mahagoni-Vertäfelungen und viel Messing vermittelt mehr den Charme einer exklusiven Villa oder eines Herrenhauses. Hier ist man stets herzlich willkommen und fühlt sich gleich zu Hause.

TIPP

Rund um das Astoria gibt es viele kleine und interessante Geschäfte zu entdecken.

Das Astoria ist nicht nur charmant, sondern durch seine zentrale und verkehrsgünstige Lage auch äußerst praktisch. Sogar eine Station der Metro M2 ist nach dem Hotel benannt. In 5 Minuten ist man am Parlament oder dem Ostbahnhof, in 10 Minuten am anderen Donauufer in Buda. Vieles ist vom Astoria aus sogar gleich zu Fuß erreichbar.

Im Inneren merkt man nichts mehr vom hektischen Treiben der stark befahrenen Kreuzung an der Ringstraße, die Außenwelt schwebt wie im Stummfilm fern vorbei. Die klassisch möblierten Zimmer sind schallisoliert, klimatisiert und mit moderner Technik ausgestattet. Im Erdgeschoss sind die eleganten Räumlichkeiten von Café und Restaurant ein idealer Ort für eine kleine Auszeit oder ein angenehmes Dinner. Mit etwas Glück spielt abends die hauseigene Astoria-Band altbekannte ungarische Melodien. Der große Saal im Astoria wird abends gelegentlich zum Tanzsalon, morgens wird darin ein vielfältiges Büfett-Frühstück aufgetischt. Ein kleiner Laden im Hause verkauft liebevoll gestalteten Silberschmuck.

- Danubius Hotel Astoria, Kossuth Lajos u. 19–21, 1053 Budapest, Tel.: +36 (1) 889 6000 https://www.danubiushotels.com/en/our-hotels-budapest/danubius-hotel-astoria
- ÖPNV: Metro M2, Tram 47, 48, 49, Bus 5, 7, Haltestelle Astoria

RECEPTION

Das Märchenschloss

36 Die Burg Vajdahunyad im Stadtwäldchen

Das Stadtwäldchen ist nicht nur der größte Park in Budapest, sondern beherbergt ein kurioses, märchenhaft anmutendes Schloss, das immer wieder neue Perspektiven eröffnet. Es ist eine architektonische Zeitreise, die 1000 Jahre Ungarn mit historischen Baustilen und ikonischen Gebäuden in einem Monument vereint. Entstanden ist die Anlage 1896 nach Plänen von Ignác Alpár anlässlich der Millenniumsfeierlichkeiten zum 1000-jährigen Bestehen des Königreiches Ungarn. Ursprünglich waren die Gebäude nur aus Holz gebaut. Die Anlage erfreute sich aber so großer Beliebtheit, dass man zwischen 1904 und 1908 die wenig haltbaren Holzbauten dauerhaft aus Stein errichtete.

Die zum großen See weisende Fassade des rechten Burgflügels repräsentiert den Renaissance-Stil und ähnelt stark der Burg von János Hunyadi in Hunedoara in Transsilvanien. Der alte ungarische Name der Stadt verleiht der Burg hier den Namen Vajdahunyad. Der Hauptzugang erfolgt durch ein typisch mittelalterliches Burgtor, das den romanischen Flügel zur Linken mit dem gotischen Flügel zur Rechten verbindet. Im Innenhof fasziniert der Nachbau der bedeutenden romanischen Kapelle von Ják, die eine besondere Ruhe und Beständigkeit ausstrahlt.

TIPP

Im Café zur Linken kann man gut Fröccs trinken und den Enten zuschauen.

Wer sich etwas in anderen Städten Ungarns und Transsilvaniens im heutigen Rumänien auskennt, kann an der Burg weiter auf die Suche gehen, wo er Elemente bekannter Bauwerke erspäht, die hier in die Gestaltung mit eingeflossen sind. Inspirationen lieferten unter anderem das Katharinentor von Brasov, das Karlstor von Alba Iulia, die Kathedrale von Pécs und das königliche Schloss zu Gödöllő. Der Apostelturm rechts weist verblüffende Ähnlichkeit mit dem Stundturm von Sighișoara auf. An der Stelle der Uhr befindet sich allerdings ein geschnitztes ungarisches Wappen. Von oben bietet sich ein schöner Rundblick über die Stadt.

Im barocken Flügel residiert das sehr interessante Landwirtschaftsmuseum. Die weitläufigen Park- und Wasseranlagen laden zu ausgedehnten Spaziergängen und zum Verweilen ein.

- Vajdahunyad vár, Városliget, 1146 Budapest
www.mezogazdasagimuzeum.hu/home-en
- ÖPNV: Metro M1, Haltestelle Széchenyi fürdő

Der Baum des Lebens

37 Herend-Brunnen auf dem József Nádor tér

Ein kurzer Spaziergang von der Kettenbrücke stadteinwärts führt zum komplett rekonstruierten József-Nádor-Platz mit gepflegten Grünflächen und wieder neu gepflanzten Bäumen. In der Mitte überrascht eine Skulptur in einem sanft sprudelnden Brunnen. Auf modernen Bänken kann man darum Platz nehmen, die Ruhe hier genießen und den „Baum des Lebens" betrachten.

Die 1978 in Siófok geborene Künstlerin Etelka Meixner hat diese Baumskulptur geschaffen und zusammen mit der Porzellanmanufaktur Herend komplett aus Porzellan verwirklicht. Schon aufgrund seiner Größe von mehreren Metern ist dies einzigartig und nur durch Zusammensetzen verschiedener Teile statisch überhaupt möglich.

Der Baum des Lebens steht in allen Religionen für Fruchtbarkeit, Frieden, Erleuchtung und ewiges Leben. Handbemalt ist er mit dem schönen Herender Rothschild-Muster. Das Vogelpaar darin ist eines der ältesten Symbole der Zusammengehörigkeit. Abends wird der Ort romantisch, wenn das Licht von innen sanft durch das zarte Porzellan scheint.

Kaum 50 Meter entfernt auf der anderen Seite des rekonstruierten Platzes steht ein weiteres Schmuckstück. Der Zsolnay-Schmuckbrunnen von 2019 ist eine Replik des populären Brunnens in Băile Herculane, dem Kurort Herkulesbad im Banat (Rumänien). Er wurde ursprünglich 1880 von Ignác Alpár geschaffen. Eine weitere Kopie steht übrigens im Garten der Zsolnay-Fabrik in Pécs. Der zweietagige Brunnen ist farblich in warmem Ocker gehalten. Oben speien Fische das Wasser in die erste Auffangschale, von wo es langsam nach unten fließt. Den Sockel schmücken Reliefs verschiedener Wasservögel.

Prächtige Gebäude umgeben den Platz – westlich das Finanzministerium und östlich ein schönes Beispiel der Art-déco-Architektur. Klare Linien mit gerundeten Ecken verbinden einen vertieft liegenden Mittelbereich, dazwischen führt eine Passage hindurch zum Elisabeth-Platz. Beide Ecken an der Passage beherbergen die Fachgeschäfte für Ungarns berühmtestes Porzellan aus Herend und Zsolnay.

● József nádor tér, 1051 Budapest
● ÖPNV: Metro M1, Haltestelle Vörösmarty tér; Bus 105, 178, Haltestelle József nádor tér

Herend Porcelain Manufactory

Im guten Stübchen

38 Das historische Café Ruszwurm

Kaum 100 Meter von der Matthiaskirche entfernt im touristischen Zentrum auf dem Budaer Burgberg liegt das historische Café Ruszwurm. Seit 1827 besteht die Konditorei hier am selben Ort und ist damit die älteste in Budapest. An der zartlindgrünen Fassade weist der große Ausleger mit der Kaffeekanne auf das eher winzige Kaffeehaus hin. Es empfiehlt sich, das Ruszwurm gleich früh ab 10 Uhr zu besuchen, um den unzähligen Touristen zuvorzukommen und vielleicht innen noch einen Platz im gemütlichen Biedermeier-Ambiente zu ergattern.

Die eleganten Vitrinen und Möbel aus Kirschbaumholz mit Mahagoni-Intarsien haben wie durch ein Wunder alle Wirren und Unbilden der letzten fast 200 Jahre unbeschadet überdauert. Heute steht die Einrichtung unter Denkmalschutz.

In sozialistischer Zeit war das Café vorübergehend geschlossen und hat einiges vom alten Glanz eingebüßt. Nach der Wende fiel das Haus im Zuge der Privatisierung in ausländische Hände, bevor es die ungarische Marzipan-Dynastie Szamos 1994 erwerben konnte. Unter deren Regie knüpft das Ruszwurm wieder an alte Traditionen und die gewohnte Qualität an, die früher schon Kaiserin Sissi liebte. Damals ließ sich Sissi gerne ihr Frühstück vom Ruszwurm holen.

Gebäcke und Tortenstücke präsentieren sich heute in einer Biedermeier-Vitrine hinter Glas, als wären es museale Kostbarkeiten. Ruszwurm-Torte, klassische Dobostorte oder Eszterházy-Torte, Mandeltorte, Himbeertorte oder Karamelltorte sind in der Tat kostbare kleine Leckereien. Die Tortenstücke sind nicht übermäßig groß und dafür preislich recht moderat. Da kann man sich gerne noch weitere süße Verführungen gönnen – Strudel mit Mohn oder Kirschen, Pogatschen, Kokoskugeln, Linzer, Schomlauer Nockerln oder Eisbecher.

Berühmt ist das Ruszwurm für seine Cremeschnitte, die mit der üppigen und dennoch luftigen Vanillecreme heute wieder wie früher zubereitet wird. Dazu eine Kaffeespezialität oder ein Gläschen Süßwein auf dem Biedermeier-Sofa sorgen für einen besonderen Glücksmoment.

- Ruszwurm Cukrászda, Szentháromság utca 7, 1014 Budapest, Tel.: +36 (1) 375 5284 www.ruszwurm.hu/en/home
- ÖPNV: Bus 16, Haltestelle Szentháromság tér

RUSZWURM
ALAPÍTVA
1827

Expressiver Impressionist

39 Csontváry in der ungarischen Nationalgalerie

In der zentralen Säulenhalle der Ungarischen Nationalgalerie eröffnet eine Freitreppe den Blick auf ein Gemälde, das schon aus der Ferne durch intensive Farben und eine groß angelegte Komposition neugierig macht. Oben präsentieren sich dann drei Meisterwerke des wohl ungewöhnlichsten ungarischen Malers – Tivadar Kosztka Csontváry.
Links der impressionistische Blick auf den „Rheinfall bei Schaffhausen", der von der unbändigen Dynamik und stetigen Bewegtheit des Wassers dominiert ist. In der Mitte die „Ruinen des griechischen Theaters bei Taormina". Intensive Kontraste und komplementäre Farben des Hintergrunds zeigen die Hänge des Ätna und zeugen von Csontvárys Suche nach dem Licht und dem großen Motiv.
Höhepunkt des Schaffens sind seine expressiven Zedern. Rechter Hand in der „Pilgerfahrt zu den Zedern des Libanon" steht die Zeder erhaben, beschützend und nahezu mystisch vor tiefem Nachtblau. Hier kommt sein Genie voll zum Ausdruck, er vereint Schöpfung, Dynamik, Licht und Metaphysik. Die „Einsame Zeder" befindet sich im Csontváry-Museum in Pécs – mächtig aufstrebend, bildfüllend, den Himmel mit erfassend. Fast surrealistisch erscheint sie im hellgrünen Gegenlicht. Csontváry sagte dereinst: „Zuschauen kann jeder, aber sehen kann nur jemand, der von der göttlichen Vorsehung mit dieser Fähigkeit besonders gesegnet wurde." Er suchte diese Gabe in sich selbst und wollte das Wesen der Dinge sehen. Wie viele seiner Zeitgenossen begab sich Csontváry auf den Weg zum Licht. Er verband damit auch den Weg zur Erleuchtung. Dieser führte ihn immer weiter gen Süden und inspirierte zu Gemälden mit immer mehr Strahlkraft und expressiven Farben. Seitlich in der Säulenhalle hängen kontrastierend dazu atmosphärische, romantische und fast mystisch wirkende ungarische Landschaften von László Mednyánszky. Ein ganzer Saal des Museums widmet sich den ausdrucksstarken Gemälden von Mihaly Munkácsy. Ganz oben von der Kuppel des Museums bietet sich zudem ein toller Ausblick über die Stadt.

- Magyar nemzeti galéria, Szent György tér 2, 1014 Budapest
en.mng.hu
- ÖPNV: Bus 16, Haltestelle Dísz tér, Standseilbahn zum Burgberg

Dem Himmel zuprosten

40 St. Andrea Wein- und Gourmetbar

Exklusive Skybars liegen seit einiger Zeit voll im Trend, manche davon scheinen fast schon abgehoben zu sein. Mit Bodenhaftung auf dem Dach geblieben ist die St. Andrea Wein- und Skybar im Pester Zentrum am Vörösmarty-Platz auf dem historischen Geschäftsgebäude der Váci utca 1. Neben Büros und Geschäften befindet sich darin auch das Szamos Gourmet-Haus – Café und Hauptfiliale des berühmten Marzipanherstellers Szamos. Links daneben geht es ein paar Stufen hinauf zum Empfang der Wein- und Gourmetbar. Es empfiehlt sich, hier oder online vorab einen Tisch zu reservieren. Wer das Glück hat, einen Platz zu ergattern, gelangt dann per Fahrstuhl ruckzuck direkt aufs Dach.
Zwei Rundterrassen im Freien eröffnen einen phänomenalen Ausblick rundum über die Stadt. Die schönsten Momente bieten sich in der Dämmerung, wenn das Abendrot der untergehenden Sonne allmählich weicht und die berühmten Bauwerke Budapests immer stärker im warmen Licht zu leuchten beginnen. Für kühlere Stunden begibt man sich in den komplett verglasten Innenbereich zwischen den beiden Terrassen. Im Winter schweift der Blick von hier aus vortrefflich über den Lichterglanz des Weihnachtsmarktes.
Die Einrichtung der Bar ist modern elegant mit ein paar Retro-Einflüssen, die an die 70er-Jahre erinnern. Betreiber ist das angesehene Weingut St. Andrea aus dem nordungarischen Eger. Daher konzentriert sich die Karte auf gute hauseigene Weine vom aromatischen weißen Stern von Eger über eleganten Kadarka bis zum gehaltvollen Stierblut.
Kulinarisch offeriert die Bar außer Klassikern wie Rinderfilet und Caesar Salad vor allem kleinere Bargerichte wie Ziegenkäse, Schinkenauswahl, verschiedene Salate und frisches Rindertatar. Die Cocktailkarte verzaubert mit eigenen Kreationen, die mit ihren Namen auf berühmte Bauwerke Budapests anspielen. Dabei kommen auch ungewöhnliche Zutaten wie Anisschaum, Veilchenlikör oder Biersirup zum Einsatz. Einigen Bauwerken in Sichtweite kann man symbolisch mit dem passenden Cocktail zuprosten.

- St. Andrea Wine & Skybar, Deák Ferenc utca 5, 1052 Budapest, Tel.: +36 (30) 300 3930, standreaskybar.hu
- ÖPNV: Metro M1, Haltestelle Vörösmarty tér

Der schaukelnde Kaiser

41 Miniskulptur an der Freiheitsbrücke

Zugegeben, beim Anblick der überwältigenden Schönheit der über 300 Meter langen grünen Freiheitsbrücke muss man schon etwas länger suchen, um daran den Kaiser Franz Joseph in seiner kleinen Hängematte zu finden.

Eine kleine Hilfe – die mit zwei Schlössern angebrachte Ministatue aus Bronze befindet sich auf der stadtzugewandten Nordseite der Brücke. Man gehe von der Großen Markthalle kommend auf der rechten Seite mit Blick zum Burgberg auf die Freiheitsbrücke bis zum ersten großen Stützpfeiler. In der kleinen Ausbuchtung des Geländers schaukelt der Kaiser sichtlich vergnügt mit seinem Zylinder auf dem Schoß. Dabei schaut er über die Donau zum Pester Ufer hin. Doch was macht der Kaiser hier eigentlich?

Zum Ende des 19. Jahrhunderts genügten die zwei bestehenden Brücken in der aufstrebenden Hauptstadt nicht mehr, zwei neue wurden nötig. Bei der zuerst 1896 fertiggestellten soll der Kaiser damals den letzten Niet persönlich eingeschlagen haben. Von ihrer Einweihung bis zum Jahre 1945 hieß sie daher Franz-Joseph-Brücke und war das Muster oder Pendant zur 1903 fertiggestellten und damals noch recht ähnlich aussehenden alten Elisabethbrücke (heute modern und weiß). Am Steinpfeiler am Brückenkopf auf der Seite der Großen Markthalle steht noch heute die Inschrift „Ferénc József híd".

Nach ihrer Sprengung im Zweiten Weltkrieg wurde die Brücke rasch wieder aufgebaut und zum Nationalfeiertag am 20. August 1946 für den Verkehr freigegeben. Gleichzeitig erhielt sie den Namen Freiheitsbrücke. Erst in den 1980er-Jahren bekam sie wieder ihr typisches Grün, und die Wappen und Kronen kehrten an die beiden Torbögen zurück. Das skurrile kleine Andenken an Franz Joseph stammt von Mihály Kolodko. Der Schöpfer ist ein zeitgenössischer Bildhauer ungarisch-ukrainischer Herkunft, der in Budapest schon einige weitere kleine Spuren hinterlassen hat. Wer sehr aufmerksam unterwegs ist, findet etwa Rubiks Zauberwürfel an einer kleinen Treppe zur Donau hinab genau gegenüber vom Parlament.

● Szabadság híd, 1093 Budapest
kolodkoart.com/gallery/mini-scupltures
● ÖPNV: Metro M4, Tram 2, 47, 49, Haltestelle Fővám tér

M & Z
2020. 11. 29.

Unvergängliche Blüten

42 Keramikblumen von Bokréta

Das ungarische Wort Bokréta steht poetisch für einen kleinen gebundenen Blumenstrauß. Genau das trifft es auch bei Bokréta, nur dass die Blumen unvergänglich aus Keramik sind. Die kleine Manufaktur ist ein Familienunternehmen mit mehr als 25 Jahren Erfahrung. Früher fertigte man mehr Haushaltsgegenstände. Seit 2013 sind die liebevoll und detailgetreu gestalteten Keramikblumen ins Sortiment gekommen und haben sich rasch zum Verkaufsschlager entwickelt. Inzwischen ist Bokréta regelmäßig auch auf Volksfesten sowie den Weihnachtsmärkten in Budapest und Wien vertreten.

Ganzjährig bekommt man die Kreationen in einem kleinen Geschäft nahe dem Hotel Astoria, wo man bereits am Eingang von einem Blütenmeer empfangen wird. Man betritt eine Wunderwelt voller Farben und Formen. Wie in einem echten Blumenladen stehen die einzelnen Arten in Vasen oder dekorativen Kübeln aus Zink oder Emaille auf abgestuften Holzregalen, alten Stühlen, getünchten Kisten.

Das Angebot ist immer umfangreicher geworden, die Auswahl fällt wirklich schwer – zarte Schneeglöckchen, liebliche Stiefmütterchen oder schwere Tulpenblüten, filigrane Lavendelstängel, opulente Pfingstrosen oder Chrysanthemen in vielfältigen Schattierungen. Glockenförmige Blüten erhalten eine spezielle Aufhängung, an der sie frei schwingen können. Dekorative Elemente wie Früchte, rote Herzen, Hagebutten, Eicheln und Mohnkapseln sowie vielfältige Formen von Fliegenpilzen ergänzen das Bild. Auch die Tierwelt kommt nicht zu kurz – vom Schmetterling bis zum Modschegiebchen, besser bekannt als Marienkäfer. Jedes Teil ist ein Unikat.

Wie in einem Blumenladen stehen auch bereits fertig gebundene und arrangierte Gestecke und kleine Sträuße bereit. Die freundliche Bedienung ist gerne bei der Auswahl behilflich und bindet nach Wunsch auch individuelle Kreationen. Die in Handarbeit gefertigten Keramikblüten sind zwar etwas teurer als frische Blumen, dafür benötigen sie kein Wasser, und die Schönheit dieses besonderen Souvenirs verblasst nie.

● Bokréta kerámia, Károly körút 8, 1052 Budapest
bokretakeramia.hu/en
● ÖPNV: Metro M2, Tram 47, 48, 49, Bus 5, 7, Haltestelle Astoria

BokRéta
kerámia
MAGYAR : KÉZMŰVES TERMÉK
• 2013 óta •

Aussichtsreicher Fisch

43

Die Szegediner Fischer-Csárda am Donauufer

Fischsuppe (Halászle) gehört zu den Küchenklassikern in Ungarn. Oft ist es Wettstreit oder Glaubensfrage, ob denn nun die Donau-Fischsuppe aus Baja oder die Theiß-Fischsuppe aus Szeged die bessere sei. Hier in Budapest findet quasi ein Brückenschlag statt, wenn man direkt am Donauufer im Herzen der Hauptstadt die Theiß-Fischsuppe nach Art von Szeged genießen kann.

Die Fischsuppe nach Art von Baja geht auf die dort angesiedelten Donauschwaben zurück, sie enthält Nockerln und ist stärker mit Pfeffer gewürzt. Die Fischsuppe aus Szeged dominiert hingegen der Paprika. Sie ist meist leuchtend rot und mitunter auch recht scharf. Zudem ist sie sämiger, weil zuerst eine Grundsuppe püriert wird. Beide Arten werden traditionell im Kessel über offenem Feuer gekocht. Dazu isst man reichlich frisches Weißbrot.

Die Szegediner Fischer-Csárda hier ist ein Ableger der beliebten Csárda aus Szeged. Trotz ihrer exponierten Lage im touristischen Zentrum unweit der Markthalle bietet sie eine authentische Küche zum fairen Preis. Natürlich geht es in der Hauptstadt etwas eleganter zu, und die Portionen sind nicht so gigantisch groß wie in Szeged, aber immer noch sehr üppig.

Hier gibt es nicht nur die Aussicht auf einen leckeren Fisch, sondern auch auf die schöne blaue Donau und über die Stadt. Am besten sitzt es sich draußen auf der Terrasse wie an einer Reling. Der Blick zum anderen Donauufer wandert von der grünen Freiheitsbrücke weiter über den Gellértberg mit Felsenkirche und Freiheitsstatue. In nördlicher Richtung scheint der Bogen der Elisabethbrücke den Burgpalast zu tragen.

Es wäre schade, wegen des Ausblicks das Essen kalt werden zu lassen. Neben verschiedenen Fischsuppen erfreut die Karte vor allem mit gegrillten Fischen und Paprikasch, herzhaften Fischgrammeln oder einer Riesenplatte für zwei Personen. Karpfen, Wels und Zander dominieren, aber auch Salate und viele andere Gerichte stehen zur Auswahl. Zur Begleitung wird das gute Angebot ungarischer Weine auch glasweise ausgeschenkt.

- Szegedi Halászcsárda, Belgrád rakpart 23817/2 hrsz., 1056 Budapest, Tel.: +36 (1) 235 0865, www.szegedihalaszcsarda.hu/de
- ÖPNV: Metro M4, Tram 2, 47, 48, 49, Haltestelle Fővám tér

Dauerläufer aus Ungarn

44 Der Tisza-Laden am Astoria

Budapester Schuhe genießen weltweit einen exzellenten Ruf. Weniger bekannt ist, dass Ungarn auch bei Sportschuhen eine lange Tradition hat. In der Kleinstadt Martfű an der Theiß wurden bereits seit 1942 Schuhe hergestellt. 1971 entstand das Logo, um eigene Sportschuhe unter dem Label Tisza zu gestalten – übrigens der ungarische Name für den Fluss Theiß. Das dreistreifige T ist bis heute das Markenzeichen. In den Siebzigerjahren wurden Tisza-Sportschuhe zum Renner und gelangten auch in den Export. Bereits damals erkannten westliche Firmen die hohe Verarbeitungsqualität und vergaben ihre Auftragsfertigung dorthin. Mit der Wende hielten westliche Marken in Ungarn Einzug, und das Interesse an Tisza schwand dahin. Die Firma in Martfű musste die Eigenmarke komplett aufgeben.

Einige Jahre später ist Tisza wie der sprichwörtliche Phönix wieder emporgestiegen. László Vidák sah dereinst einen jungen Mann in Budapest, der noch echte Tiszas trug. Im Retrofieber kam er auf die Idee, die alte Marke wiederzubeleben. 2002 erwarb er in Martfű Unterlagen, Rechte, originale Werkzeuge und alte Nähmaschinen. Im Jahr 2003 startete er nebenan in Cibakháza an der Theiß wieder die Fertigung echter Tisza-Sportschuhe. Ehemalige Mitarbeiter aus Martfű sollten zum Erfolg beitragen.

Die Tisza-Dauerläufer sind wieder Kult geworden. Im ersten und ältesten Markenshop am Astoria findet man die größte Auswahl und ein paar Schnäppchen älterer Kollektionen. Heute sind die Schuhe komplett aus Leder, 100 Prozent manuell gefertigt in Ungarn, sehr weich gefüttert, mit Fußbett und bequem zu tragen für Sport und Alltag. Die jungen Mitarbeiter im Geschäft sind beim Anprobieren und der Suche nach der richtigen Größe gerne behilflich.

Im Zeichen des gestreiften T kann man sich hier weiter inspirieren lassen. Die Auswahl an solid gefertigten Accessoires wird immer breiter. Neben praktischen Taschen gibt es T-Shirts, Socken und neuerdings auch Smartphone-Hüllen. Das Angebot für Damen soll ausgeweitet werden.

- Tisza cipő Astoria, Károly körút 1, 1075 Budapest
- ÖPNV: Metro M2, Tram 47, 48, 49, Haltestelle Astoria

Astoria
Holding Kft.

Heute schon ausgeflippt?

45 Das Flippermuseum

An der kleinen Treppe nach unten in einer Nebenstraße geht man leicht achtlos vorbei. Hier ist doch höchstens eine Kneipe. Im Keller des Gebäudes verbirgt sich jedoch das wohl coolste Museum der Stadt. Das Flippermuseum zeigt keine Delfine, sondern eine einzigartige Sammlung alter Spielautomaten.

Bunte Lichter blinken, und es klingelt, klimpert und rasselt bereits am Eingang in einem fort. Besucher erhalten an der Kasse ein stabiles Papierarmbändchen, mit dem sie den ganzen Tag immer wieder zum Flippern reindürfen. In den Räumen und Kellergewölben des Museums warten rund 140 Flipperautomaten und entführen in eine Zeit, in der man noch ohne Computer gespielt hat.

Das Flippermuseum ist ein Museum zum Anfassen und Mitmachen. Alle Spielautomaten kann man hier ausprobieren. Die Geräte sind so modifiziert, dass keine Münzen mehr eingeworfen werden, sondern mit ein paar Knöpfen gesteuert und zurückgesetzt wird. Es ist also keine Glücksspielhalle, sondern ein interaktives Museum, das ungeheuer Spaß macht.

Mechanische und elektromechanische Meisterwerke sind das, welche die Stahlkugeln durch den jeweiligen Parcours jagen. Früher gab es sogar Spielautomaten für Kegeln und Hockey. Ab 1947 kamen die Flipper dazu. Das sind die Steuerhebel, mit denen der geschickte Spieler die Kugeln möglichst lange im Spiel halten muss, um Punkte zu sammeln. Falls die Kugel durchrollt, „flippt sie aus" dem Spiel.

Lustige Flipper gibt es zu fast allen Themen – Star Trek, Terminator, AC/DC und jetzt sogar zu Attila und Budapest. Besonders beliebt ist The Addams Family mit ihren witzigen Sprüchen und Animationen im Spiel. Auch die Anfänge der Computerspiele sind hier verewigt. Wer kennt noch Pac-Man von 1980? Wer möchte mal den 1984 erfundenen russischen Klassiker Tetris am Automaten spielen? Wie es der Zufall so wollte, war es übrigens der gebürtige Ungar Robert Stein, der Tetris 1986 am Budapester Computerinstitut erstmalig sah und das Spiel durch den Eisernen Vorhang in den Westen nach London brachte.

- Flipper múzeum, Radnóti Miklós u. 18, 1137 Budapest
flippermuzeum.hu/en/main-page
- ÖPNV: Bus 15, 115, Haltestelle Radnóti Miklós utca; Metro M3, Haltestelle Nyugati pályaudvar

MASQUERADE
Gottlieb's 4 Player
DANCING
Lady
PLAYER
1st player
3rd player
MASQUERADE
BALL IN PLAY
GAME OVER
TARGET
VALUES
FLIPPER
BUTTONS

Das Unikum des Kaisers

46

Das Museum der Zwack-Brennerei

Im Jahre 1790 präsentierte der Leibarzt seiner Majestät, dem Kaiser Joseph II., ein magenstärkendes Tonikum. Darauf soll er gesagt haben: „Dr. Zwack, das ist ein Unikum." Dieser Moment gilt als die Geburtsstunde von Ungarns berühmtem Kräuterlikör, der ihm zugleich den Namen Unicum bescherte. Einzigartig ist auch seine kugelförmige Flasche. Anfangs zierte sie ein rotes Kreuz auf weißem Grund als Hinweis auf die medizinische Wirkung. Nachdem man eine Weile für Nutzungsrechte an das Ungarische Rote Kreuz gezahlt hatte, änderte man das Logo zu dem bis heute bekannten goldenen Kreuz auf rotem Grund. Seit 1840 wird Unicum von Familie Zwack in Budapest hergestellt, ab 1892 am heutigen Ort in der Soroksári út.

Im Zwack-Museum kommt man dem würzigen Geheimnis des dunkelbraunen Elixiers etwas näher auf die Spur. Einige Kräuter, Gewürze und Spezereien davon sind zu sehen und zu riechen, mindestens 40 verschiedene sollen es sein. Das genaue Rezept ist und bleibt aber weiterhin streng gehütetes Familiengeheimnis. Die 1944 zerstörte Destillerie ist originalgetreu rekonstruiert und entführt in die Atmosphäre der alten Likörfabrik aus dem 19. Jahrhundert mit ihren kupfernen Destillieranlagen. Im Keller lassen rund 500 große Eichenfässer den Likör weiter reifen und verströmen den Geist des Unicums, der dem Besucher in Nase und Kopf steigt.

TIPP
Im Werksladen ist Unicum in allen Größen und auch neu entwickelten Varianten käuflich.

Im Reifekeller erfährt man auch, dass ein Großteil der Eichenfässer nach dem Zweiten Weltkrieg von hier verschwand und zum Bau der provisorischen Pontonbrücke über die Donau verwendet wurde – den Unicum haben die Russen natürlich vorher selbst getrunken. Heute sind die Keller wieder gut gefüllt.

Eine Besichtigung ist nur per Führung möglich, die es auch auf Englisch oder mit Audioguide gibt. Dabei gibt es dieses Unikum zum Abschluss auch zu verkosten. Neben unzähligen Details zur wechselvollen Geschichte der Familie Zwack und des Unicum beherbergt das Museum noch ein Kuriosum – Europas größte Sammlung von Miniaturflaschen mit rund 17.000 Exponaten.

● Dandár u. 1, 1095 Budapest, Tel.: +36 (1) 476 2383
zwackunicum.hu/en/zwack-muzeumok/zwack-muzeum-es-latogatokozpont/bemutato
● ÖPNV: Tram 2, Haltestelle Haller utca

UNICUM
UNICUM

Sport und Spiel für alle

47 Die Neugestaltung im Stadtwäldchen

Das Stadtwäldchen ist das größte innerstädtische Park- und Naherholungsgebiet Budapests. Seine Gestaltung geht wesentlich auf die Feierlichkeiten im Jahre 1896 anlässlich der Tausendjahrfeier der Landnahme unter Großfürst Árpád zurück. Mit dem Liget-Projekt stand eine umfassende Modernisierung des Geländes an. Viele Arbeiten und Bauvorhaben sind inzwischen abgeschlossen. Der riesige Stadtpark hat dabei seinen Parkcharakter behalten und einige eindrucksvolle Attraktionen dazugewonnen.

Der 2019 fertiggestellte, 13.000 Quadratmeter große Hauptspielplatz ist beispielhaft für seine kinder- und familienfreundliche Gestaltung. Er fügt sich harmonisch in den alten Baumbestand ein und gibt den Spielgeräten viel Raum, ohne sie dominieren zu lassen. Zentrales Element des Spielplatzes ist ein großer gestreifter Ballon, der von einem Gemälde von Pál Szineyi inspiriert ist. Mehr als 50 verschiedene Rutschen, Schaukeln, Seilkletteranlagen und Spielgeräte eignen sich für alle Altersgruppen und fördern die Kreativität. Ein künstlicher Bach durchzieht das Gelände. Der Spielplatz für die Jüngeren ist umzäunt, sodass sich auch kleine Kinder frei darin bewegen können, ohne verloren zu gehen.

Nebenan findet sich ein Abenteuerspielplatz mit Kletterwand. Buckelpisten laden Skateboard-Fahrer ein, und beim Spaziergang im Park kann man mal eine Runde Krafttraining einlegen und verschiedene Geräte ausprobieren. Eine wesentlich geruhsamere Sportart ist das in Ungarn beliebte Schachspiel. Schattig unter Bäumen laden mehrere fest installierte Schachtische dazu ein. Der renovierte botanische Garten, ein Erlebnispark für Hunde und eine 2 Kilometer lange professionelle Laufstrecke auf einer Tartanbahn runden das Angebot im modernisierten Park ab.

Architektur-Highlight im Park wird das Haus der ungarischen Musik sein. Das vom japanischen Architektenbüro Sou Fujimoto entworfene ungewöhnliche Gebäude ist von Transparenz und einer harmonischen Integration in die umgebende Natur geprägt.

● Városligeti Nagyjátszótér, Ajtósi Dürer sor 15, 1146 Budapest
ligetbudapest.hu/en/renewed-varosliget/main-playground
● ÖPNV: Bus 30, Trolleybus 75, Haltestelle Damjanich utca / Dózsa György út

Von Gulasch und Cimbalom

48

Das Restaurant Hungarikum Bisztró

Gulasch gilt als Inbegriff der ungarischen Küche. Oft erwartet man ein üppig schweres und fettiges Gericht, leuchtend rot vor Paprika und höllisch scharf. Fast alles ist Klischee und wird dem Kultgericht der ungarischen Küche nicht gerecht. Klassischer Gulasch in Ungarn ist eine Suppe, deren Name sich vom Rinderhirten (Gulyás) ableitet. Scharf macht das jeder nach eigenem Geschmack. Dafür is(s)t man im Hungarikum Bisztró genau richtig.

Nur ein paar Querstraßen vom Parlament entfernt macht das kleine Restaurant seinem Namen Hungarikum alle Ehre – es vermittelt die traditionellen Werte Ungarns und der ungarischen Küche, die als Hungarikum bezeichnet werden. Gleich beim Eintreten fühlt man sich willkommen und findet sich in ländlichem Ambiente wieder. Rot-weiß karierte Tischdecken und schlichte Holzstühle, warme Farben in einem Raum überschaubarer Größe.

TIPP

Eine Tischreservierung über die Webseite ist ratsam.

Das junge Team kümmert sich aufmerksam und liebevoll um die Gäste. Gulasch wird hier so serviert, wie es sich gehört – als Suppe in Terrine oder Kessel. Dazu gibt es pikante grüne Ringe von frischen scharfen Paprikaschoten und das beliebte Erös Pista – die starke Paste zum Nachwürzen, die in keiner ungarischen Küche fehlen darf. Die Küche glänzt mit einer überschaubaren Karte ungarischer Klassiker – gefülltes Kraut, Brasover Schweinebraten, geflochtenes Schweinefilet, Entenkeule, gebackene Schweinshaxe, Rinderpörkölt, Zanderfilet oder auch Vegetarisches wie Nudeln mit Letscho. Dezent im Hintergrund spielt der ältere Herr am Cimbalom, einem Saiteninstrument in Form eines Tisches oder Kastens, das mit zwei Klöppeln gespielt wird. In der Volksmusik im pannonischen Raum ist es weit verbreitet, kommt aber auch in der Klassik wie bei Liszt zum Einsatz. Das sanfte Spiel des Cimbaloms alleine wirkt sehr harmonisch und beruhigend. Und hier geht niemand herum, um Geld von Touristen einzusammeln. Interessierte können aber gerne den Musiker unterstützen und seine CD mit der Cimbalom-Musik als besonderes Souvenir erwerben.

● Steindl Imre u. 13, 1051 Budapest
hungarikumbisztro.hu/en/home
● ÖPNV: Tram 2, Haltestelle Haller utca

Wärme und Heilung

49 Das Lukács Thermal- und Heilbad

„Bad Budapest“ gilt als der größte Kurort Europas, trägt seit 1934 den Titel Bäderstadt und ist buchstäblich auf Wasser gebaut. Mehr als 120 heiße Quellen sprudeln zutage und sorgen dafür, dass hier schon seit Römerzeiten Bäder entstanden. Heute gibt es 19 Thermalbäder in der Stadt, darunter touristisch beliebte wie das Széchenyi-Bad und das Gellért-Bad und noch erhaltene Bäder aus der Zeit der türkischen Besetzung wie das Rudas- und das Király-Bad. Vor allem bei Einheimischen beliebt ist das Thermalbad Szent Lukács.
Ein kleiner Spaziergang von der Margaretenbrücke durch einen Park führt zum gelben Baukomplex des Lukács-Bades. Große Teile davon sind zum Ende des 19. Jahrhunderts als Kurhotel und Wellness-Einrichtung entstanden, die internationale Kurgäste anlockte. Es wurde danach immer wieder umgebaut und erweitert.
Dem Wasser im Lukács-Heilbad wird die umfangreichste Heilwirkung zugeschrieben. Empfehlenswert ist es unter anderem bei Gelenkerkrankungen, Rückenleiden, Allergien und Atemwegsleiden. Zahlreiche Marmortafeln von Kurgästen aus aller Welt sind an der Außenwand des Kurbades angebracht und danken für die Linderung, die diese hier erfahren haben. Auch heute erfolgen verschiedenste medizinische Behandlungen in dem Bad und dem angeschlossenen Sanatorium.
Im Spa-Bereich erinnert ein 40 Grad heißer Rundpool an die Atmosphäre türkischer Bäder. Dampfbad, verschieden warme Becken und eine kleine Sauna bieten Abwechslung. Im ersten Außenhof gibt es zwei kühlere Schwimmbecken zur sportlichen Betätigung. Vorbei an Kneipp-Becken und Einrichtungen für Wassergymnastik ist der zweite Außenhof gar nicht so leicht zu finden. Dort kann man sich im 33 Grad warmen Erlebnisbereich mit Massagedüsen, Unterwassersprudel und rundem Strömungskorridor treiben lassen.
Übrigens baden die Enten, die sich im Wasserbecken des Parks tummeln, auch in Thermalwasser.

TIPP
Für Nutzer der Budapest Card ist der Besuch im Lukács kostenlos.

- Thermalbad Szent Lukács, Frankel Leó u. 25–29, 1023 Budapest
en.lukacsfurdo.hu
- ÖPNV: Tram 19, 41, Haltestelle Szent Lukács Gyógyfürdő; Tram 4, 6, Vorortbahn H5, Haltestelle Margit híd, budai hídfő

Fledermäusen auf der Spur

50 In der Pál-völgyi-Höhle

Budapest ist nicht nur reich an Thermalquellen, durch das unterirdisch fließende Thermalwasser sind auch zahlreiche Höhlen entstanden. Bereits 1904 wurde die Pál-völgyi-Höhle in einem Steinbruch entdeckt und ist seit 1919 öffentlich zugänglich. Inzwischen wurden Verbindungen zu benachbarten Höhlen gefunden. Heute umfasst das bekannte Höhlensystem 31 Kilometer Gänge und ist damit die größte Höhle in Ungarn. Sie übertrifft sogar die zum ungarischen Weltkulturerbe gehörenden Höhlen im Aggteleker Karst.

Die Tropfsteinhöhle ist geprägt von hohen Felsspalten, rissartigen Korridoren und großen Höhenunterschieden im Kalkgestein sowie kugelförmigen Formationen, die vom Thermalwasser gelöst werden. Berühmt ist sie auch für ihre Stalaktiten. Der Abstieg in die Höhle ist nur mit einer etwa stündlich stattfindenden Führung möglich. Da die Temperatur drinnen ganzjährig nur rund 11 Grad beträgt, ist warme Kleidung ratsam. Der gut ausgebaute Weg führt bei schummerigem Licht über viele steile Treppen, ist aber problemlos zu bewältigen. Die Führung ist sehr unterhaltsam, vermittelt viel Wissenswertes und erfolgt mehrsprachig oder mittels Übersetzung per Audioguide.

Unten wartet eine Märchenwelt aus Stalaktiten und jahrtausendealten Felsformationen. Man sieht Auslösungen durch das Thermalwasser, funkelnde Kalzitkristalle und prähistorische Versteinerungen großer Jakobsmuscheln. Der Weg führt unter einem spitz herabhängenden Fels entlang, von dem man sagt, er würde auf eine untreue Person hinabstürzen. Bis heute hängt er noch. Mit etwas Kreativität lassen die aus Kalk und Wasser entstandenen Formen Trolle und Märchenfiguren lebendig werden. Fast unbemerkt hängen in den Nischen viele Fledermäuse. Man sollte sie in Ruhe lassen und nicht anblitzen.

Faszinierend ist der Augenblick der absoluten Finsternis, wenn der Höhlenführer kurz das Licht löscht. Die Wahrnehmung des Auges steht still, das Gefühl für den Raum schwindet. Was für ein Glück für den Höhlenlaien, wenn das sanfte Licht zurückkehrt.

● Pál-völgyi-barlang, Szépvölgyi út 162, 1025 Budapest
www.dunaipoly.hu/hu/helyek/bemutatohelyek/pal-volgyi-barlang
● ÖPNV: Vorortbahn H5, Haltestelle Szépvögyi út, dann Bus 65, Haltestelle Pál-völgyi cseppkőbarlang

Rosenhügel des Derwischs

51

Die Gül Baba Türbéje bei der Margaretenbrücke

Ein kleiner Spaziergang bergan von der quirligen Margaretenbrücke führt in ein Refugium zum Entspannen und Meditieren. Nach rechts durch die Mecset utca über den Rosenhügel erreicht man das Mausoleum, die sogenannte Türbéje des Gül Baba. Es ist das nördlichste Heiligtum des Islam, ein Wallfahrtsort für gläubige Muslime, aber vor allem ein Ort der Ruhe und geistigen Einkehr. Eine Gedenkstätte für einen türkischen Heiligen in Budapest mag verwundern, doch alte Zeugnisse der mehr als 150 Jahre andauernden osmanischen Fremdherrschaft in Ungarn sind gar nicht so selten.

Gül Baba, auf Deutsch „Vater der Rosen", war ein Derwisch – ein Angehöriger einer muslimischen Ordensgemeinschaft, die für ihre Bescheidenheit und Disziplin bekannt ist. Von den Moslems des besetzten Ungarns wurde er als Schutzpatron der Region verehrt. Als hilfreicher und weiser Mann setzte er sich für die Verständigung der Menschen und Völker untereinander ein. Er brachte die Rosenzucht nach Ungarn und soll immer eine Rose am Turban getragen haben. Junge Männer holten sich schon damals gerne eine Rose vom Rosenhügel für ihre Angebetete. Und noch heute versprühen die stolzen Blumen dort ihren Duft.

Gül Baba starb wohl am 2. September 1541 kurz nach der Besetzung von Buda. Sein zwischen 1543 und 1548 erbautes Grabmal in Óbuda ist seit jener Zeit eines der wichtigsten Heiligtümer des ottomanischen Ungarns. Ende des 19. Jahrhunderts wurde Gül Baba zum Symbol der ungarisch-türkischen Aussöhnung und Freundschaft. Aus jener Zeit stammt auch der Name Rosenhügel. Nach einer umfangreichen Restaurierung erstrahlt die einst etwas verfallene Gül Baba Türbéje seit 2018 wieder im neuen Glanz. Vom Rosenhügel eröffnet sich eine herrliche Aussicht. Der Blick schweift über Donau und Brücken und eröffnet ungewöhnliche Perspektiven. Angeschlossen ist ein kleines Kulturzentrum mit interessanten Exponaten zur ottomanischen Zeit Budapests. Nach der Besichtigung lässt es sich bei einem guten türkischen Tee entspannen.

TIPP

Ein weniger überlaufener Ort, um das Feuerwerk zum Nationalfeiertag am 20. August zu bestaunen.

- Gül Baba Türbéje, Mecset utca 14, 1023 Budapest
gulbabaalapitvany.hu/en/homepage
- ÖPNV: Vorortbahn H5, Tram 4, 6, Haltestelle Margit híd

Eisbecher und Art déco

52

Das Café Dunapark in der Pozsonyi út 38

Reichhaltige Auswahl an Kuchen und Torten, üppige Eisbecher und eine stilvolle, großzügige Umgebung in der Nähe des Donauufers – das alles bietet das Café Dunapark. Man könnte glatt auf die Idee kommen, zum Kaffee ein ganzes Menü süßer Leckereien einzunehmen. Es gibt aber auch ganztägig Speisen. Der ehemalige Küchenchef vom Alabárdos sorgt nun hier für anspruchsvolle ungarische Gerichte.
Das sechsstöckige Haus Dunapark in der Pozsony út wurde 1938 eröffnet und gehörte damals zu den modernsten Wohngebäuden der Stadt. Architektonisch vereint es Elemente von Art déco und Bauhausstil mit klarer Linienführung, hochwertigen Materialien und ein paar technischen Raffinessen. Im Erdgeschoss war ursprünglich ein Kino konzipiert, schließlich entstand dort aber das Café Dunapark. Der elegante Innenraum ist von Glas und Metall geprägt. Säulen tragen eine Empore mit sanft geschwungener Messing-Balustrade. Bodentiefe Fenster geben den Blick frei auf die Terrasse, den direkt angrenzenden Szent-István-Park und bis hin zum Donauufer. Besonders schön sitzt es sich im Sommer im Dunapark, wenn die Fenster komplett versenkt sind und so einen gleitenden Übergang vom Innenraum zur Terrasse schaffen.
In den riesigen gewölbten Glasvitrinen warten ungarische Tortenklassiker wie Dobostorte und Eszterhazy-Torte, Punschtorte oder Himbeer-Quarktorte und viele weitere Kreationen. Desserts vom Kastanienpüree bis zu Schomlauer Nockerln stehen ebenso zur Auswahl. Oder wie wäre es mit herzhaften Pogatschen mit Kürbiskernen oder Gänsegrammeln? Eine separate Karte offeriert große Eisbecher mit gehaltvollem Schoko- und Karamelleis, Brownie, Sahne und Schokoladensauce oder Pistazieneis mit Sahne und Pralinen oder verschiedenste Fruchteisbecher und Eiskaffee.
Nebenan auf der Poszonyi út lässt es sich gut schlendern und zahlreiche kleine Geschäfte besuchen. In den Nebenstraßen des Viertels kann der aufmerksame Betrachter noch eine ganze Reihe typischer Gebäude des Art déco entdecken.

TIPP

Das hausgemachte Eis gibt es auch im Straßenverkauf.

- Dunapark Kávéház, Pozsonyi út 38, 1137 Budapest, Tel.: +36 (1) 786 1009 dunaparkkavehaz.hu
- ÖPNV: O-Bus 75, 76, Haltestelle Stent István park; Metro M3, Haltestelle Lehel tér

Unterirdisches Kulturerbe

53 Die historische Untergrundbahn

Während andere U-Bahn-Linien schlicht Metró heißen, bleibt die historische M1 in Budapest die Földallati – sinngemäß die „Unter-Erdische". Bereits 1896 zur Millenniumsfeier Ungarns wurde sie in Betrieb genommen und ist damit die erste U-Bahn auf dem europäischen Festland. Seit 2002 gehört sie zusammen mit dem darüber verlaufenden Prachtboulevard Andrássy út zum UNESCO-Weltkulturerbe.
Die ursprüngliche Strecke führte vom Vörösmarty tér bis zum Széchenyi fürdő und liegt nur rund 1 Meter unter der Oberfläche. Der letzte Abschnitt im Stadtwäldchen verlief oberirdisch um den See herum. Eine scheinbar im Nichts dort stehende Fußgängerbrücke erinnert noch an jenen Streckenverlauf. Bei der Rekonstruktion 1973 wurde die Strecke unter dem See hindurchgeführt und bis zur Mexikói út verlängert.
Die historischen Stationen sind nahezu unverändert erhalten. An den Treppenzugängen weisen schmuckverzierte gusseiserne Ständer mit gelben Glasschildern auf die Földallati hin. Unten zieren Majolika-Platten und Namensschilder in Weiß und Englischrot von der Firma Zsolnay die Stationen. Massive Holzschwingtüren führen zum Bahnsteig. Noch heute sitzt überall ein Bahnsteigwärter in einer der hübschen hölzernen Kabinen. Die kurzen gelben Züge sind allerdings schon etwas moderner und verkehren im 3-Minuten-Takt.
An jeder Station lohnt es sich auszusteigen – das Café Gerbeaud am Vörösmarty tér, ein kleines U-Bahn-Museum mit den ganz alten Wagen der M1 am Deák Ferenc tér, die Stephans-Basilika nahe der Bajcsy-Zsilinszky út, die berühmte Staatsoper an der gleichnamigen Station, der achteckige Platz am Oktogon, der runde Platz mit der alten Platane am Kodály körönd, der prächtige Heldenplatz Hősök tere und die Ausflugsziele im Stadtwäldchen.
Eine barrierefreie Modernisierung der Linie ist geplant. Westlich soll sie vom Vörösmarty tér bis zum Vigádo tér am Donauufer verlängert werden. Östlich ist ein Ausbau parallel zur Bahn vorgesehen, der bis zur Marcheggi-Brücke am Bahnhistorischen Park führen soll.

● U-Bahn M1 Földallati, Kodály körönd und andere, 1063 Budapest
● ÖPNV: Metro M1, alle Stationen

VÖRÖSMARTY TÉR

Wellness für Tiere

54 Der Budapester Zoo und seine Jugendstilbauten

Die einen leben in einer außergewöhnlichen Jugendstil-Villa, verziert mit Türmchen und orientalischen Elementen, die anderen baden im Thermalwasser. Die Rede ist von den Elefanten und Nilpferden im Budapester Zoo. Seit 1866 bietet einer der ältesten Zoos in Europa angenehme Lebensbedingungen für Tiere aus aller Welt. Diese tierische Wellness-Oase ist zugleich ein Paradies für Naturkundler, Neugierige und Kinder.

Balu der Bär geht in der Sommerhitze gerne mal baden, die Großkatzen dösen vor sich hin. Während die Fischotter oft gemeinsam abhängen, geht es bei deren sehenswerter Fütterung dann ordentlich zur Sache. Offene Landschaften und lebensgerechte Umgebungen erfreuen nicht nur die Tiere, sondern vermitteln auch den Besuchern den Eindruck, wie selbstverständlich zu Gast zu sein. Ob tropisches Palmenhaus, Madagaskar-Haus, Savannenhaus für die Giraffen oder Australienhaus – im Budapester Zoo sind neben Tieren aus aller Welt auch deren historisch gewachsene Habitate und architektonisch abwechslungsreiche Dinge zu entdecken.

Bemerkenswert ist das seit über 100 Jahren bestehende Heizkonzept des Zoos. Es gründet sich auf die direkt benachbarte heiße Quelle des Széchenyi-Thermalbads, die auch für den Zoo mit 76 Grad heißem Wasser aus den Tiefen der Erde sprudelt. So lässt sich etwa das tropische Palmenhaus ganzjährig mit Erdwärme versorgen.

Faszinierend sind die originalgetreu erhaltenen Häuser und Volieren, wo sich Besucher und Bewohner ganz nahe kommen. Im Schmetterlingshaus schwirren tropisch bunte und blaue Falter um die Gäste herum; in der großen Voliere trifft man auf Waldrapp und Gänsegeier – ein etwas mulmiges Gefühl kommt dabei wohl auf, wenn man neben den groben Fleischstücken spaziert, die für die Geier parat liegen.

Etwas abseits von den Exoten leben die traditionellen Nutztiere Ungarns zum Streicheln nahe – etwa die drolligen Wollschweine (Mangalica), freche Ziegen und Zackelschafe mit ihren eigenwillig gedrehten Hörnern.

- Fővárosi Állat- és Növénykert (Zoo), Állatkerti krt. 6–12, 1146 Budapest
zoobudapest.com
- ÖPNV: Metro M1, Haltestelle Széchenyi fürdő

Duftendes Handwerk

55 Bäckerei und Café Artizán

Was für eine Freude vermag doch duftendes, noch warmes Brot auszulösen! Die Ungarn lieben ihr Brot. Meistens sind es große, luftige Weißbrote. In einer Csárda kommt fast automatisch ein gut gefülltes Körbchen mit Brot als Gedeck auf den Tisch. Auch wenn eine Suppe bereits Kartoffeln oder Nockerln enthält, frisches Brot gehört dennoch unbedingt dazu.

In der Bäckerei Artizán gilt das Backen noch als Handwerk. Gergő Fekete unternahm Studienreisen nach Großbritannien, Frankreich, Dänemark und Deutschland. Er lernte, mit welchen Zutaten und Methoden dort Brot gebacken wird, und legte seine Bäckerprüfung in Schottland ab. Seit 2015 betreibt er die eigene Bäckerei Artizán Budapest und verwirklicht dort seine Erfahrungen und neue Ideen.

Gergő Fekete hat den Blick der Ungarn auf das Brot erweitert, neue Brotsorten und eine größere Vielfalt in Budapest eingeführt. Und er kehrte zum Ursprung zurück, verwendet seinen eigenen Sauerteig, gönnt dem Teig die nötigen Ruhezeiten und setzt konsequent auf eine natürliche Herstellung ohne jegliche Zusatzstoffe. Der Erfolg gibt ihm recht. Die Artizán-Bäckerei ist immer gut besucht, oft stehen die Leute Schlange, vieles ist schon vorbestellt.

Neben hellen Broten gibt es nun auch halbdunkle und Vollkornbrote, Baguette und Brote mit weiteren Würzzutaten wie Kürbiskernen. Kalács sind beliebte, geflochtene Hefezöpfe. In der Adventszeit warten die Leute auf Beigli – diese mit Mohn oder Walnuss gefüllten Hefeteigrollen gehören unbedingt zu Weihnachten.

Bei frischem Gebäck und leckeren Sandwiches sowie dem im Hause selbst gerösteten Kaffee lässt es sich im Artizán wunderbar frühstücken. Von der Galerie aus kann man dabei das geschäftige Treiben im Laden beobachten. Der Duft frischen Backwerks steigt in die Nase. Man kann zusehen, wie Teig bereitet und geformt wird und wie daraus im Ofen neue Köstlichkeiten entstehen. Bei angenehmem Wetter lädt der Freisitz vor dem prächtigen Gebäude des Hotels President ein.

● Artizán Budapest, Hold utca 3, 1054 Budapest
artizan.hu
● ÖPNV: Metro M3, Bus 9, Trolleybus 72M, 73M, Haltestelle Arany János utca

Artizán
BUDAPEST
DÍJNYERTES KENYEREINK
award winning breads
KENYÉRLELKE FESZTIVÁL
I.helyezett: Világos zabos 2017
I.helyezett: Teljes kiőrlésű 2017
I.helyezett: Világos zabos 2018
I.helyezett: Baguette 2019

Stephan zur Ehre

56 Nationalfeiertag und Feuerwerk an der Donau

Der 20. August ist für die Ungarn der wichtigste Feiertag des Landes. Überall gedenkt man des Staatsgründers Szent István – des Heiligen Stephan –, der im Jahre 1000 das Königreich Ungarn schuf und zum christlichen Glauben führte. Papst Sylvester II. übersandte zur Krönung die Stephanskrone und verlieh ihm den Titel Apostolischer König. Das Datum 20. August geht auf den Tag seiner Heiligsprechung im Jahre 1083 zurück.

Früh am Morgen wird die Flagge vor dem Parlament gehisst. Eine eindrucksvolle Flugschau über der Donau demonstriert das Können von Hubschrauber- und Jet-Piloten sowie Fallschirmspringern. Auf dem Vörösmarty-Platz brodelt bald ein überdimensionaler Kessel mit Fischsuppe. Überall in der Stadt gibt es Festbier, Erfrischungen und Fröccs. Die Straße des ungarischen Geschmacks erstreckt sich von der Kettenbrücke zum Burggartenbasar. Über offenem Feuer köcheln Kesselgulasch und Schafpörkölt. Stände offerieren Gewürze, Honig, Lebkuchen, Wurstwaren und das besondere Stephansbrot mit der Schleife – das erste Brot aus neuem Getreide als Symbol des Lebens.

TIPP
Vom Budaer Ufer nahe Batthyány tér blickt man gut zum Parlament.

Der Burgberg gehört dem traditionellen Kunsthandwerk. Zahlreiche Stände bieten Keramik, Korbwaren, Schnitzereien, echten Blaudruck und traditionelle Matyo-Stickerei feil. Das vielfältige Musik- und Kulturprogramm reicht von Klassik auf dem Gellértberg über Operette am Donaukorso bis zu Rock und Pop an der Basilika.

Höhepunkt ist das große Feuerwerk an der Donau. Schon Stunden vorher sammeln sich die Leute an den Uferpromenaden auf der Suche nach dem besten Blick. Das Spiel von Feuer und Licht verzaubert das gesamte Donaupanorama. Aspekte der ungarischen Geschichte illuminieren die Fassaden von Parlament und Burgpalast, bis sich die ungarische Flagge sanft wallend über sie legt. Tausende Feuerwerkskörper starten von Ponton-Kähnen und hüllen die Szenerie in ein Lichtermeer. Eine Drohnenshow lässt die Stephanskrone schweben und wandelt sich zum christlichen Kreuz wie ein himmlisches Zeichen.

- Donauufer, Bem rakpart, 1027 Budapest
- ÖPNV: Metro M2, Haltestelle Batthyány tér und die gesamte Stadt

Futtern wie bei Muttern

57 Das kleine Restaurant Róma ételbár

Die „Kifőzde“ sind selten geworden in Budapest. Typisch für eine Kifőzde ist, dass es ausschließlich Mittagstisch gibt, und das recht preiswert. Der Begriff meint „Auskocherei“, also so etwas wie eine Garküche. Imbiss- und Fastfood-Einrichtungen haben ihnen den Rang abgelaufen. Die Corona-Pandemie tat ein Übriges, wodurch beliebte Traditionshäuser wie das Kádár étkezde schließen mussten. Die Róma ételbár ist gut durchgekommen und hat sich auf die neue Zeit eingestellt. Immer wieder kommen die Lieferdienste per Moped und holen bestellte Gerichte ab. Sie ist zwar zentral gelegen in Buda, aber kaum ein Tourist kommt hier zufällig im Wohngebiet dran vorbei.

Der schmucke Innenraum ist klein, aber bei schönem Wetter sitzt man ohnehin draußen. Ältere Kneipenstühle stehen auf dem Bürgersteig, manchmal etwas kippelig und jeder ein Unikat, dem man seine lange Geschichte förmlich ansieht. Die Tische sind stets adrett rot-weiß kariert gedeckt und zum Teil schon reserviert. In der Róma ételbár wird man herzlich begrüßt, als gehörte man zur Familie des Hauses. Nach kurzer Zeit ist meist noch ein freier Tisch ausfindig gemacht.

Die Speisekarte ist klein und fein mit einem festen Grundbestand an Klassikern und wöchentlich wechselnden Tagesangeboten. Ausnahmslos gibt es ungarische Hausmannskost mit guten Zutaten. Selbst wenn manche vielleicht simpel erscheinen, werden sie hier höchst exzellent zubereitet.

Leberknödelsuppe oder eine kalte Kirschsuppe machen Appetit auf mehr. Letscho mit Wurst, gefüllte Paprikaschoten mit Kartoffeln oder Quarknudeln mit Speck sind ungarische Klassiker. Und welches Restaurant bietet noch gelbe Erbsen mit Debreziner an? Die Portionen sind reichhaltig. Wer es noch schafft, sollte sich aber eines der berühmten Desserts wie Quarkknödel oder Vargabéles (eine Art Quarkauflauf mit Nudeln) nicht entgehen lassen.

Neben hausgemachter Limonade wird selbstverständlich auch Fröccs (Weinschorle) nach Wunsch zubereitet, auch wenn dies nicht auf der Karte steht.

- Róma ételbár, Csalogány utca 20, 1015 Budapest, Tel.: +36 (30) 190 7773
- ÖPNV: Metro M2, Vorortbahn H5, Haltestelle Batthyány tér; Bus 11, 39, Haltestelle Fazekas utca

RÓMA ÉTE
Heti ajánlat
Frankfurti leves
Rántott Gomba
Pásztortarhonya
FOGLALT

Hier wächst das Glück

58 Der altehrwürdige botanische Garten Füvészkert

Der 1771 gegründete botanische Garten der ELTE-Universität ist der älteste in Ungarn. Anfangs diente der wörtlich genommen „Kräutergarten" der Ausbildung von Medizinstudenten. Bei seinem letzten Umzug vor 170 Jahren kam die Institution an ihren heutigen Platz im Festetics-Garten. Durch den Bau von Kliniken wurde die ursprüngliche Ausdehnung leider etwas dezimiert. Heute ist der botanische Garten ein eigenes Naturschutzgebiet und empfängt die Besucher mit rund 8500 Pflanzenarten.

Fast etwas unscheinbar wirkt der umzäunte botanische Garten von außen – auf den ersten Blick ähnelt er einem der altehrwürdigen Parks in der Stadt. Drinnen folgt die Anlage in den Grundzügen dem Stile englischer Landschaftsgärten. Ein kleines verwunschenes Schloss ist fast völlig eingewachsen und wartet noch darauf, wiedererweckt zu werden. Es ist das ehemalige Jagdschloss der Familie Festetics, auf deren Gut der Kräutergarten entstanden ist. Verschlungene Wege führen über kleine Brücken durch einen Bambushain zum historischen Palmenhaus aus dem Jahre 1864. Das eindrucksvolle Baudenkmal ist Heim für tropische und subtropische Pflanzen, die bis zum Glasdach reichen. Bemerkenswert sind die Riesenseerosen im Viktoria-Haus, eine umfangreiche Sammlung von Kakteen sowie zahlreiche Orchideen und Bromelien.

Der Garten beherbergt rund 1000 Baum- und Straucharten, Päonien, Clematis, Hibisken mit Riesenblüten, aber auch Nutzpflanzen zur Farbstoffgewinnung, Kräuter und Gemüse. Einst wurden die romantischen Gebäude und Seen des Gartens vom Schriftsteller Ferenc Molnár im Roman „Die Jungen von der Pál-Straße" verewigt. Die darin erwähnte Glocke läutet noch heute und weist auf die baldige Schließung hin.

So imposant und bedeutend die Pflanzensammlungen auch sein mögen, das wahre Glück wächst oft fast unbemerkt. Hier gibt es tatsächlich ein Beet, wo der Glücksklee vierblättrig wächst. Also einfach mal aufmerksam im Park spazieren, suchen und den kleinen, ganz persönlichen Glücksmoment entdecken.

TIPP

Es lohnt sich auch ein Besuch im angrenzenden Pflanzenmarkt Fitoland.

● Füvészkert, Illés u. 25, 1083 Budapest
www.fuveszkert.org
● ÖPNV: Metro M3, Haltestelle Klinikák; Bus 9, 83, Haltestelle Kálvária tér

Von Stierblut bis Tokajer

59 Das alljährliche Weinfest auf dem Burgberg

Das seit mehr als 30 Jahren alljährlich Anfang September in den Höfen rund um den Burgpalast stattfindende Weinfestival (Budavári Borfesztivál) ist ideal, um ungarischen Wein in traumhafter Kulisse kennenzulernen. Es ist das größte und bekannteste Weinfest in Ungarn und zugleich Fachmesse für Profis und Weinhändler.
Der Eintrittspreis enthält auch die persönliche Festausstattung mit Weinglas im Brustbeutel und robustem Armbändchen für wiederholten Zugang. Außerdem ist der Eintritt ins Historische Museum inklusive. Dazu kommen ein musikalisches Rahmenprogramm und umfangreicher Service.
Es eröffnen sich ständig neue Blicke auf die prächtigen Fassaden der Burg, über die Donau und über die Stadtgebiete und Sehenswürdigkeiten von Budapest. Rund 150 Stände laden zum Verweilen und Entdecken ein. Die Bereiche haben Bezeichnungen wie Balatoni Udvar (Balaton-Hof) oder Egri Csillag Sétány (Gehweg Sterne von Eger), womit Schwerpunkt und Weinregion angegeben sind.
Am berühmtesten Weingebiet Tokaj kommt man natürlich nicht vorbei. Dort sind die trockenen Weißweine sehr zu empfehlen. Dafür stehen Weingüter wie Royal Tokaji, Tokaj-Hetszölö, Kikelet pince, Sauska, Gróf Degenfeld und die Tokaj Classic Kft., die ebenfalls einen hervorragenden Tresterbrand aus Aszú-Trauben (Aszútörköly pálinka) erzeugt.
Viele Weine brauchen eine passende kulinarische Paarung von süß bis deftig. Wie wäre mal ein Brot mit Tepertökrem (Brotaufstrich aus Grieben) und lila Zwiebeln? Ein herzhafter Weißwein Grauer Mönch (szürkebarat) vom Balaton passt hervorragend dazu. Für den größeren Hunger eignet sich eine gegrillte scharfe Wurst vom Mangalica-Schwein oder ein deftiges Eisbein. Würziges Essen verlangt kräftigen Wein, etwa Egri Bikavér, das Erlauer Stierblut aus Eger.
Und zum Dessert noch etwas Süßes? Das berühmte Caféhaus Gerbeaud offeriert Tortenstückchen von Dobos bis Eszterházy und herzhaftes Käsegebäck. Man hole sich ein paar Stücke und kombiniere sie am besten mit einem Tokajer Aszú.

● Burgpalast Budapest, Szent György tér 2, 1014 Budapest
https://aborfesztival.hu/en
● ÖPNV: Bus 16, Haltestelle Dísz tér, Standseilbahn

test
6 HÓNAP
fahordó
magas mustfok
spontán erjedés
komplexitás
hosszú érés
kerekség
Chardonnay

Von Glas und Glück

60 Das Museum für Miksa Róth

Der besondere Liebreiz des Budapester Jugendstils wäre ohne Miksa Róth nur schwer vorstellbar. Er ist der Künstler für die Buntglasfenster und Mosaiken, die vielen ikonischen Gebäuden ihren speziellen Charme verleihen. Inspiriert war er einst in jungen Jahren von den Bleiglasfenstern gotischer Kathedralen in Deutschland, England und Frankreich. Sein erster großer Auftrag führte ihn zur Rekonstruktion der gotischen Kirche ins österreichische Mariasdorf. Von den kirchlichen und historisierenden Werken seiner frühen Schaffensperiode aus entwickelte er sich immer stärker zu einem Meister des aufgekommenen Sezessionsstils.

Von Miksa Róth stammen Glasfenster im Parlamentsgebäude und dem Gresham-Palast, in der ungarischen Nationalbank und der Liszt-Musikakademie, aber auch in vielen Villen der feinen Gesellschaft der damaligen Zeit. Ein bedeutendes Mosaik findet sich am Türkischen Bankhaus. Außerhalb von Budapest entdeckt man seine Glaskunst etwa in Szeged in der Votivkirche und der großen Synagoge, in der Basilika von Eger, der Erzabtei von Pannonhalma oder in der Universität Debrecen. International haben es seine Werke bis Den Haag, Oslo, Mailand und Mexiko gebracht.

Im kleinen Gedenkmuseum für Miksa Róth kommt man dem Glaskünstler in familiärer Atmosphäre näher. In dieser Wohnung lebte der Meister von 1911 bis zu seinem Tode 1944, im Hof befand sich die Werkstatt für die berühmten Glas- und Mosaikarbeiten. Hier spaziert man auch mal durch die gute Stube von damals und bekommt ein Gefühl für das Wohnen zu Anfang des 20. Jahrhunderts.

Die Exponate im Museum sind eher klein und heimelig. Mit der rückseitigen Durchleuchtung entwickeln sie aber eine beachtliche Strahlkraft. Kirchliche Motive und Allegorien, wunderbare ornamentale Glasfenster und Mosaiken im Sezessionsstil lassen den Betrachter innehalten. Besonders schmuck ist das dreidimensional gefertigte Mosaik mit Granatäpfeln von 1898, das Miksa Róth eine Silbermedaille auf der Weltausstellung 1900 in Paris einbrachte.

- Róth Miksa Emlékház és Gyűjtemény, Nefelejcs u. 26, 1078 Budapest
www.rothmuzeum.hu
- ÖPNV: Metro M2, M4, Bus 5, 7, Haltestelle Keleti pályaudvar

Die Damen mit Schirm

61 Die Skulptur „Die Wartenden“ in Óbuda

In Óbuda vor dem Rathaus ein paar Schritte nach rechts trifft man auch bei herrlichem Sonnenschein auf einige Damen, die dort gut beschirmt stehen und warten. Sie sind aus Bronze. Man möchte hingehen und sich zu den einzeln stehenden Gestalten gesellen. Doch worauf warten sie? Erst allmählich merkt man, dass die vier Frauen eher gedankenversunken dastehen und etwas teilnahmslos in verschiedene Richtungen starren. Jeder kann auf ganz individuelle Weise mit dem Kunstwerk in Kontakt treten, es erleben, es erkunden, sich gar einbeziehen und Teil des Werkes werden, und sei es nur für ein Foto.
Bildhauer Imre Varga aus Siófok hat „Várakozók“ (Die Wartenden) geschaffen. Der 2019 verstorbene Künstler gilt als bedeutendster ungarischer Bildhauer der Neuzeit. Neben Auftragswerken des sozialistischen Realismus arbeitete er für die Kirche und setzte stets eigene Vorstellungen um. Eindringliche Appelle für Frieden und Menschlichkeit hat er dabei geschaffen. Persönlichkeiten aus Geschichte und Kunst hat er verewigt, Dinge des Alltags scharfsinnig analysiert und dann in Stein gemeißelt oder in Bronze gegossen.
Seit 1983 zeigt das nur wenige Schritte entfernte Imre-Varga-Museum in der Laktanya utca 7 eine beeindruckende Schau seines umfangreichen Schaffens zwischen schönen Skulpturen und hintergründigen Werken. Viele verkleinerte Modelle und Studien zeigen Werke, die original unter anderem in Siófok, Pécs, dem Petersdom im Vatikan oder in Bad Kissingen stehen.
Manche seiner Skulpturen sind fast abstrakt und werden zu skurrilen Objekten. Sie verblüffen den Betrachter, bringen ihn zum Nachdenken und inspirieren seine Fantasie. Faszinierend, wie er etwa Gesicht und Hand vom Konstrukteur der Kettenbrücke Adam Clark in einem Stahlobjekt mit Stangen, Leitern und Ketten verbindet.
Im gepflegten Garten des Museums trifft man auf ungarische Künstler und Schriftsteller, die dort aus Bronze geformt am Tisch sitzen, an altem Holz lehnen oder gedankenversunken auf einer Bank im Grünen ruhen.

- Varga Imre Gyűjtemény, Laktanya utca 2, 1033 Budapest
- ÖPNV: Vorortbahn H5, Tram 1, 41, Haltestelle Szentlélek tér

Das Café der Künstler

62

Das Művész kávéház

Auf dem Prachtboulevard Andrássy út schräg gegenüber der berühmten Budapester Staatsoper befindet sich das traditionsreiche Café Művész kávéház in einem Neorenaissance-Gebäude. Anfangs hieß das 1898 eröffnete Café noch das „Kleine Gerbaud" in Anlehnung an das wohl berühmteste Kaffeehaus in Budapest. Erst später wurde es zum Künstler-Café – Művész heißt Künstler.

Von jeher war es Anziehungs- und Treffpunkt für die Künstler, Sänger und Schauspieler, die aus Oper und Theater gerne mal hierherkamen. Es hat sich den Stil und Charme der glanzvollen Epoche zum ausgehenden 19. Jahrhundert bis heute bewahrt. Elegante goldgelbe Stofftapeten, imposante Kronleuchter, zahlreiche Wandlampen mit Schirmchen und riesige Spiegel prägen das Innere. Das Mobiliar entstammt größtenteils dem Stil des Spätbiedermeier. Ein wenig Moderne hat doch Einzug gehalten. Kabellose Tischlampen mit roten Schirmchen setzen neue Akzente, passen aber nahtlos zum Stil der Einrichtung.

Kulinarisch begeistert das Művész vor allem mit seiner großen Tortenauswahl aus der hauseigenen Patisserie. In beleuchteten Glasvitrinen drehen sich die süßen Köstlichkeiten auf mehreren Ebenen langsam vor den Augen des Gastes und machen die Auswahl nicht gerade einfacher. Große Stücke gehaltvoller dunkler Schokoladentorten, aromatischer Punschtorte, leckerer Mohntorte und hauseigene Kreationen vom Művész wandern durch das Blickfeld. Oder lieber doch einen ungarischen Klassiker wie Dobostorte oder Eszterházy-Torte?

Ebenso breit gefächert ist das Getränkeangebot. Neben Kaffeespezialitäten wie Cappuccino, Wiener Melange, weißem Mokka, Eiskaffee oder irischem Kaffee gibt es Milchshakes, hausgemachte Limonaden und eine gute Auswahl klassischer Cocktails. Wer es deftiger mag, bekommt im Művész auch ein Club-Sandwich oder eine klassisch ungarische Gulaschsuppe. Das Művész öffnet bereits um 8 Uhr morgens und offeriert da Spiegeleier, Omelett, Sandwiches oder ein komplettes kontinentales, englisches oder ungarisches Frühstück.

- Művész kávéház és cukrászda
- ÖPNV: Metro M1, Haltestelle Opera

Weltmeisterlich schwimmen

63

Die Sportschwimmhalle Duna Aréna

„Sok víz lefolyik még addig a Dunán" lautet ein ungarisches Sprichwort, sinngemäß: „Das wird noch lange dauern." Wörtlich meint es, bis dahin läuft noch viel Wasser die Donau hinab. Wie viel das wirklich ist, erstaunt wohl doch. Vor der Duna Aréna lässt sich das anschaulich nachvollziehen. In nur 1,6 Sekunden ist ein komplett gefülltes Olympia-Schwimmbecken den Fluss hinabgeströmt. Gut 9 Tage würden ausreichen, um das ungarische Meer, den Balaton, komplett zu füllen. Die „Donau-Uhr" zeigt, wie viele Schwimmbecken-Inhalte seit Eröffnung der Arena bereits vorbeigeflossen sind.

Obenauf steht die fast 7 Meter hohe dynamische Skulptur „Der Champion" von László Taubert. Sie ist aus poliertem Aluminium und symbolisiert die athletische Startbewegung eines Schwimmers.

2017 wurde die neue Duna Aréna anlässlich der Schwimmweltmeisterschaft in Budapest eröffnet. In erster Linie ist sie Trainings- und Wettkampfstätte für die Profisportler. Vormittags und an den Wochenenden steht sie allen offen, sofern nicht gerade sportliche Wettbewerbe stattfinden.

Der moderne Komplex verfügt neben dem 50-m-Sportbecken über ein Sprungbecken mit 10-m-Sprungturm, ein Aufwärmbecken mit beweglicher Bodenplatte für Wettkämpfe und Wasserballspiele sowie über Trainingsbecken und Whirlpool. Technische Raffinessen umfassen die professionelle Zeitmessung, ein Unterwasser-Soundsystem und ein automatisiertes Kamerasystem zur Ertrinkungsüberwachung. Ökologisch wird das 30 Grad warme Wasser des benachbarten Dagály-Thermalbades über Wärmetauscher zur Beheizung genutzt.

Im Foyer erfährt man mehr über die erfolgreiche Geschichte der ungarischen Wassersportler. Bereits 1896 war Alfréd Hajós der erste Schwimm-Olympiasieger der Neuzeit. Immer wieder konnten Schwimmer und Wasserballer Erfolge verbuchen. In neuerer Zeit machte der ungarische Schwimmsport vor allem mit László Cseh und der dreifachen Olympiasiegerin Katinka Hosszú auf sich aufmerksam. Hier kann man auf denselben Bahnen wie die Weltmeister schwimmen.

● Duna Aréna, Népfürdő u. 36, 1138 Budapest
darena.hu
● ÖPNV: Bus 15, Haltestelle Dagály fürdő; Tram 1, 17, 41, Haltestelle Árpád híd

DUNA ARÉNA
WONDER

Ungarns schöne Vorsehung

64 Das königliche Sissi-Schloss in Gödöllő

Um kaum jemanden ranken sich so viele Geschichten und Klischees wie um die einstige Kaiserin Sissi. Für Ungarn war sie ein Glücksfall der Geschichte. Dort nennt man Sissi gerne mal „Ungarns schöne Vorsehung". Die Kaisergattin vom Wiener Hof war dem östlichen Landesteil sehr zugetan, lernte die schwierige ungarische Sprache und verbrachte zunehmend mehr Zeit im magyarischen Teil der Monarchie. Maßgeblich wirkte sie auf den österreichisch-ungarischen Ausgleich im Jahre 1867 hin. Dieser ersetzte letztlich die Habsburger Herrschaft durch ein gleichberechtigtes Königreich Ungarn. Er war die Grundlage für die große Blütezeit Ungarns zum Ende des 19. Jahrhunderts bis hin zur Krönungszeremonie von Franz und Sissi im Jahre 1867 in der Budapester Matthiaskirche. Als Dank schenkte ihr der ungarische Staat das zuvor erworbene barocke Grassalkovich-Schloss in Gödöllő, das Sissi rasch sehr lieb gewann, da sie hier dem strengen Wiener Hofzeremoniell entfliehen konnte.

Gödöllő wurde nach der Wende umfangreich rekonstruiert und ist seit 1996 wieder für Besucher zugänglich. Es genießt heute höchstes Ansehen und gewährt Einblicke in Sissis Privatleben. Auch als größte Barockanlage in Ungarn bleibt es ein liebreizender Ort, ohne pompös zu wirken. Eine stille Audienz in den Gemächern von Sissi auf Gödöllő ist heutzutage ein Muss für alle Fans.

Die Exponate im Schloss beschäftigen sich auch mit den adligen Vorbesitzern der Familie Grassalkovich. Historische Kachelöfen, stilvolle Möbel und das einzigartige Indigoblau in den Stofftapeten von Gödöllő ziehen den Besucher in den Bann. Schließlich finden sich auch zahlreiche Erinnerungen an das tragische Ende der beliebten Kaiserin. Schloss Gödöllő ist auch Ort für anspruchsvolle Kulturveranstaltungen wie das alljährliche internationale Harfenfestival. Nach der Besichtigung bietet sich ein Spaziergang im weitläufigen Schlosspark an, oder man entspannt noch im Café des Hauses.

- Grassalkovich-kastély 5852, 2100 Gödöllő
  www.kiralyikastely.hu
- ÖPNV: Metro M2 bis Örs vezér tere, dann Vorortbahn H8 bis Haltestelle Gödöllő, Szabadság tér

Traditionelle Souvenirs

65 Der Volkskunstladen

Souvenir-Geschäfte gibt es viele, vor allem in der touristischen Haupteinkaufsstraße Vaci utca. Sie kommen und gehen. Echt ungarische Souvenirs sind darin leider selten geworden. Aber ein Laden hat die Zeiten überdauert und bietet seit fast 50 Jahren am selben Ort eine umfangreiche Auswahl traditioneller ungarischer Volkskunst an. Der Népművészeti bolt befindet sich nur wenige Schritte seitlich von der belebten Vaci utca etwas versteckt in der kleinen Régiposta utca.

Im Volkskunstladen findet man viele Dinge wieder, die man vielleicht schon in einer ungarischen Csárda entdeckt hat und die für den besonderen Charme sorgen. Es gibt viel Keramik von handbemalten Tellern und Gefäßen mit floralen Motiven oder geometrisch angeordneten Mustern, über grün glasierte Formen bis hin zu sogenannten Mischka-Krügen mit einem Husarengesicht, die zum Ausschank offener Weine dienten.

Auffallend sind die nur selten anzutreffenden Stücke aus echter Schwarzkeramik. Sie werden nach uralten Methoden in Töpferwerkstätten in Nádudvar in der Puszta und in Mohács im Süden Ungarns gefertigt. Die schwarze Farbe entsteht durch das lange Brennen über Holz und Holzkohle in Erdöfen. Die dekorative Schwarzkeramik ist oft unglasiert mit matter Oberfläche oder nur teilweise glasiert. Bei Vasen eignet sie sich eher für Trockensträuße, denn sie ist oft nicht wasserdicht.

Das vielfältige textile Angebot umfasst Läufer, Tischdecken und Kissenbezüge mit dekorativen Streifen und Mustern bevorzugt in den Farben Rot, Weiß und Schwarz. Es gibt zarte Spitzendeckchen aus Kiskunhalas und Stoffe aus echtem Blaudruck. Besonders eindrucksvoll sind die aufwendigen Stickereiarbeiten mit floralen Mustern aus Kalocsa und Mátyo, die ein wenig an naive Malerei erinnern. Die Mátyo-Stickerei gehört zum immateriellen Weltkulturerbe.

Wer hier ein Stück traditionelle Volkskunst als Souvenir erwirbt, hat nicht nur eine einzigartige Erinnerung an Ungarn, sondern trägt auch zum Erhalt des kulturellen Erbes bei.

- Népművészeti bolt, Régiposta utca 12, 1052 Budapest
  folkartkezmuveshaz.hu/?lang=en
- ÖPNV: Metro M1, Haltestelle Vörösmarty tér

Ausflug in die Puszta

66 Freiluftmuseum Skanzen in Szentendre

Bei Ungarn träumt man von Puszta-Idylle, weiter Landschaft, Ziehbrunnen und romantisch anmutenden Bauernhäusern. Dies will so gar nicht zur quirlig mondänen Hauptstadt Budapest passen. Doch ein musealer Ausflug ins dörfliche und ursprüngliche Ungarn ist gar nicht weit entfernt: In Ungarns ältestem Freiluftmuseum Skanzen am Stadtrand von Szentendre, das 1967 vom Ethnografischen Museum Budapest gegründet wurde, laden nach mehreren Erweiterungen heute rund 60 Hektar zu ausgiebigen Spaziergängen durch altungarisches Dorfleben ein.

Markant steht eine große Windmühle mit ihren Holzflügeln auf der Wiese wie für die südungarische Puszta typisch. Daneben fährt die Museumsbahn durch das lang gestreckte Gelände. Unweigerlich fühlt man sich an Piroschka erinnert. Aufgeteilt nach ungarischen Regionen wie Westtransdanubien, Theißgebiet oder Große ungarische Tiefebene sind zahlreiche Bauernhäuser, Ställe, Werkstätten und dörfliche Gebäude zu besichtigen. Die meisten sind in ihrer Herkunftsregion fachgerecht abgetragen und hier originalgetreu wieder aufgebaut worden. Alte Handwerke wie Blaudruck, Kerzenziehen, Holzschnitzerei oder Lebküchnerei werden ebenso vorgeführt wie ein Puppentheater. Eine wunderschöne Ausstellung, die das handwerkliche und kulturelle Erbe bewahrt, lebendig hält und erlebbar macht.

Friedlich weiden ein paar Graurinder mit ihren mächtigen Hörnern. Glücklich stehen die Zackelschafe mit ihren langen gedrehten Hörnern dicht gedrängt um ihre Futterstelle mit Heu vor dem reetgedeckten Stallgebäude. Wollschweine suhlen sich vergnüglich im Schlamm und fühlen sich offensichtlich sauwohl. Gerne kommen sie auch mal neugierig zu den Besuchern.

In Skanzen kann man leicht die Zeit vergessen, sollte aber rechtzeitig an den nur stündlich verkehrenden Bus zurück nach Szentendre denken. Auf der Rückfahrt bietet es sich an, noch etwas im pittoresken Künstlerstädtchen Szentendre zu spazieren, ein Souvenir zu kaufen, Eis zu schlecken oder dort essen zu gehen.

● Skanzen, Sztaravodai út 75, 2000 Szentendre
skanzen.hu/en
● ÖPNV: Vorortbahn H5 bis Szentendre, dann Bus 878, 879 bis Haltestelle Skanzen

G W
1896

Ruinen-Pub mit Garten

67 Das Csendes Létterem nahe beim Astoria

Ruinen-Bars sind in Budapest bereits seit längerer Zeit Trend und Kult. Die bekanntesten davon wie das Szimpla sind mittlerweile touristisch sehr überlaufen. Die Corona-Pandemie hat auch jene Einrichtungen wieder auf den Boden der Realität zurückgeholt; der Trend zu den kultigen Kneipen und Bars bleibt aber ungebrochen.
Vor allem im jüdischen Viertel sind Ruinen-Pubs entstanden. Wo viele Gebäude über Jahrzehnte leer standen und daher oft in desolatem Zustand waren, haben sich junge Leute ihrer angenommen und den historischen Häusern neues Leben als skurrile Partyorte eingehaucht. Dabei sind nicht nur schräge Kneipen entstanden, sondern hippe Szene-Einrichtungen mit oft hochwertigen Angeboten.
Etwas am Rande des Partyviertels liegt das Csendes Létterem nur wenige Meter von der belebten Kreuzung Astoria entfernt in einer ruhigen Seitenstraße. Sein Freisitz grenzt an den beliebten Károlyi kert – einen der schmucken eingezäunten Gärten, die man häufiger in den innerstädtischen Wohngebieten Budapests findet. Der Károlyi kert ist dabei der älteste der Stadt und besonders im Sommer eine Schatten spendende Oase der Ruhe.
Die farbenfrohe Einrichtung im Csendes wirkt wie ein kreatives Chaos. Jeder Tisch und jeder Stuhl ist anders. Man kann sogar in einer geteilten Badewanne Platz nehmen. Unzählige Kleinigkeiten dekorieren den Raum, und viele Gäste haben sich selbst darin verewigt. Warmes orangefarbenes Licht nimmt die wirre Vielfalt zusammen und schafft eine gemütliche Atmosphäre. Bei schönem Wetter sitzt man draußen direkt am Károlyi-Garten unter bunten Lichterketten.
Die Speisekarte offeriert eher kleine Gerichte wie Würstchen, Burger, Salate, Omeletts und Vegetarisches. Verschiedene internationale Biere werden frisch gezapft, es gibt Craft-Biere, beliebte Cocktails und hausgemachte Limonaden. Besonders zu erwähnen ist vor allem die große Auswahl hochwertiger ungarischer Weine wie von Jásdi, Dúzsi und Tibor Gál oder von Kreinbacher und vom Vulkan Somló.

● Csendes Létterem, Ferenczy Itsván u. 5, 1053 Budapest, Tel.: +36 (30) 727 2100
● ÖPNV: Metro M2, Bus 5, 7, 8E, 9, Tram 47, 48, 49, Haltestelle Astoria

Csendes Társ

Ybls romantische Treppen

68

Der Burggartenbasar am Budaer Donauufer

Kleine Türmchen mit Kuppeln, Arkadengänge, Nischen, Bögen, Brunnen und romantische Freitreppen wie geschaffen für Hochzeitsfotos – so präsentieren sich die Hänge am westlichen Donauufer unterhalb des Burgberges. Der dortige Burggartenbasar ist ein architektonisches Gesamtkunstwerk und gehört mit zum Weltkulturerbe des Donaupanoramas.

Dereinst wurde der Burggartenbasar nach den Plänen des damaligen Stararchitekten Miklós Ybl in den Jahren 1875 bis 1883 im Stil der Neorenaissance erbaut. Nach dem Zweiten Weltkrieg war die Anlage schwer beschädigt und blieb lange Zeit unrestauriert. Erst 2011 begann die komplette Wiederherstellung des Ensembles in den Originalzustand. Heute können die Gäste den Burggartenbasar wieder so schön erleben, wie dereinst schon Kaiserin Sissi die Anlagen für Spaziergänge geliebt hat.

Mit seinen dem Historismus verpflichteten Bauten hat Miklós Ybl die Budapester Architektur maßgeblich geprägt. Von ihm stammen unter anderem die Pläne für die Stephans-Basilika und das Hauptzollhaus neben der Großen Markthalle, das heute die Corvinus-Universität beherbergt. Sein Hauptwerk ist das grandiose Opernhaus an der Andrassy út. Hier am Burggartenbasar konnte er schließlich seine romantische Ader ausleben.

In den Bogengängen unter den Treppen und Arkaden haben Ateliers, Läden, Restaurants und Veranstaltungsräume ihren Platz gefunden. Kürzlich eröffnete auch eine Zweigstelle von Bomo Art im südlichen Basar ein Geschäft. Über die eleganten Treppen gelangt man zum Arkadengang mit tollen Blicken über die Donau bis hin zum Parlamentsgebäude. Dahinter zieren duftende Rosenstämmchen den gepflegten Garten im Renaissancestil. Rechter Hand führt eine überdachte Treppe oberhalb vom eklektischen Nordflügel weiter hinauf bis zum Burgpalast. Inzwischen ist der Burggartenbasar auch Schauplatz für viele Ausstellungen und Veranstaltungen wie beispielsweise zum Nationalfeiertag oder für einen Weihnachtsmarkt.

● Várkert Bazár, Ybl Miklós tér 2–6, 1013 Budapest
varkertbazar.hu/en
● ÖPNV: Tram 19, 41, Haltestelle Várkert Bazár

Kunst und Geometrie

69 Vasarely-Museum in Óbuda

Im alten Stadtteil Óbuda befindet sich eines der spannendsten Museen für moderne Kunst im historischen Gebäude des barocken Zichy-Schlosses. Darin begegnet man der geometrischen Kunst von Victor Vasarely. Er stammte aus Pécs, studierte in Budapest und verbrachte einen Großteil seines Lebens in Frankreich. Vasarely war ein Meister der Illusion und begründete damit eine völlig neue Kunstrichtung – er gilt als Vater der sogenannten „Op Art", der Kunst durch optische Illusionen.

Die umfangreiche Sammlung der oft großformatigen Werke ist eine Spende des Künstlers an die Hauptstadt seiner Heimat. 1987 konnte damit in Óbuda das zweite Vasarely-Museum in Ungarn eröffnen. Das Innere ist nahezu komplett in Weiß gehalten. Bögen, Nischen und Trennwände schaffen abwechselnde Raumeindrücke und eröffnen immer neue Perspektiven. Dreieckige Verstrebungen der Dachkonstruktion und Tageslicht von oben geben seinen geometrisch angelegten Werken baulich einen adäquaten Rahmen.

Auch Vasarely ließ sich durch das Licht in Südfrankreich inspirieren. Die oft kubischen Häuser in Gordes schienen im gleißenden Sonnenlicht nur noch helle und dunkle Flächen zu sein. Ein kleines Fenster in den dicken Mauern seines Hauses wirkte hingegen wie ein lebendiger Würfel auf ihn.

Seine Werke spielen mit Flächen, Formen und Kontrasten, später in den 1960er-Jahren kamen intensive Farben dazu. Durch akribisch konstruierte Verzerrungen von Strukturen erzeugt er eine präzise Illusion von Räumlichkeit. Die optischen Effekte beginnen vor dem Auge zu flimmern, sie suchen die Grenzen des Visuellen und verwischen die Grenzen von Fläche und Raum. Verblüffend, wie Vasarely ineinander verschachtelte Würfel mit geteilten farbigen Elementen und Flächen auf die Leinwand bannte. Unweigerlich kommt einem da der 1974 erfundene Zauberwürfel in den Sinn. Man könnte meinen, Victor Vasarely hat die Illusionen erschaffen, Ernő Rubik hat sie dann in die Wirklichkeit transformiert und greifbar gemacht.

- Vasarely-Museum, Szentlélek tér 6, 1033 Budapest
vasarely.hu/eng
- ÖPNV: Vorortbahn H5, Tram 1, 41, Haltestelle Szentlélek tér

Von Tand bis Kunst

70 Der tagtägliche Flohmarkt Ecseri piac

Für Liebhaber alter Dinge und Kuriositäten haben Flohmärkte überall eine magische Anziehungskraft. Der größte in Budapest und einer der größten in Europa ist der täglich geöffnete Ecseri piac am Stadtrand in Kispest. Ein Besuch empfiehlt sich vor allem sonnabendvormittags, denn da haben die meisten Händler und zusätzliche Stände geöffnet. Die Gegend mag auf den ersten Blick aussehen wie ein verlassenes Industriegelände. Auf dem Markt herrscht aber ein buntes Treiben mit manch kuriosen Dingen. Eine Möglichkeit für die Fahrt zum Stadtrand ist die Metro M3 bis zur Határ út und von dort der Bus 84E bis zur Haltestelle Naszód utca (Használtcikk piac). Alternativ nimmt man die Straßenbahn 2 zum Boráros tér und dann gemächlich den Bus 54 bis zur gleichen Haltestelle.

Etwas Zeit und ausreichend Bargeld sollte man parat haben, um auf Schatzsuche zu gehen. Vom Waschbrett bis zur Puppe, vom Emaille-Schild bis zur Schallplatte, von der Violine bis zur Vitrine, von der Schreibmaschine bis zum Grammophon – es gibt praktisch nichts, das es hier nicht gibt.

Ein wenig Feilschen ist durchaus üblich und erwünscht. Vielleicht findet sich ja ein einzigartiges Souvenir. Bei hochwertigen Dingen lässt sich meist nicht mehr handeln, denn der Ecseri-Markt ist recht bekannt, und die Preise sind kaum noch niedriger als in einem Antikgeschäft. Einige Händler in den dauerhaften Ständen bieten hochwertiges Porzellan von Herend und Zsolnay an. Das ist zwar auch hier teuer, aber allemal erschwinglicher als neues Porzellan. Interessant sind ebenfalls die oft zu findenden Sodaflaschen aus dickem und teils farbigem Glas mit ihrem Metallsprühaufsatz. Die Sodaflasche ist übrigens eine ungarische Erfindung und heute ein schönes Dekorationsobjekt.

Persönliche Interessen und Vorlieben sind gewiss sehr verschieden. Der eine wird vielleicht glücklich mit einer Herend-Vase, der andere mit einem wiederentdeckten Spielzeug oder mit alten Küchenutensilien. Hier kann jeder fündig werden, so es der Zufall will.

● Ecseri piac, Nagykőrösi ét 156, 1194 Budapest

● ÖPNV: Metro M3, Haltestelle Határ út, dann Bus 84E bis Haltestelle Naszód utca (Használtcikk piac)

ADOLF
üzem

Die kleine Schwester

71 Synagoge in der Rumbach utca

Jüdisches Leben hat eine lange Tradition und wechselvolle Geschichte in Budapest. Erst im 19. Jahrhundert durften Juden dort Land erwerben und ihre Bauvorstellungen umsetzen. Berühmt ist die Stadt für die Große Synagoge in der Dohány utca – immerhin die zweitgrößte der Welt. Das jüdische Viertel ist vom Synagogen-Dreieck geprägt. Die 1912 erbaute orthodoxe Synagoge in der Kazinczy utca ist ein schmuckes Beispiel für die Architektur des späten Jugendstils.
Besonders schön ist die dritte im Bunde – die erst 2021 fertig rekonstruierte und nur rund 200 Meter von der großen Synagoge entfernt liegende kleine Schwester in der Rumbach utca. Dereinst wurde den Gläubigen die bis zu 3000 Personen fassende große Synagoge zu unpersönlich, sodass sie in der Nähe Land erwarben und ein intimeres Gebetshaus errichten ließen. Die Bima (der Platz in der Synagoge, von wo aus die Tora verlesen wird) sollte sowohl physisch als auch spirituell wieder in den Mittelpunkt gerückt werden.
Für den Bau 1869–1872 wurde der Wiener Architekt Otto Wagner beauftragt, der später ein führender Vertreter des Sezessionsstils werden sollte. Mit ihren gelben und roten Klinkern ähnelt die Fassade durchaus der großen Synagoge nebenan. Zwei Türmchen erinnern an orientalische Minarette. Die achteckige Konstruktion des Hauptraumes beruht auf byzantinischem Vorbild. Wie es die Tradition verlangt, befindet sich der reich verzierte Thoraschrein an der Ostwand, und die Bima ist hier in der Mitte versenkt. Die reichhaltige und dennoch schlichte innere Ausgestaltung im maurischen Stil versprüht ein Gefühl der Harmonie und Gelassenheit und macht die Synagoge zu einem besonders romantischen Ort. Durch zahlreiche Ornamentglasfenster ist sie lichtdurchflutet.
Faszinierend sind die sehr schlanken Stützpfeiler aus Gusseisen, die das Kuppeldach tragen und zugleich das Gebäude besonders leicht erscheinen lassen. Im Obergeschoss gibt es eine Multimedia-Ausstellung zur jüdischen Geschichte in Ungarn sowie ein kleines Café.

TIPP

Man achte auf angemessene Kleidung und die Sicherheitskontrolle. Eine Kippa wird bereitgestellt.

- Rumbach Sebestyén utca 11–13, 1074 Budapest
- ÖPNV: Metro M1, M2, M3, Haltestelle Deák Ferenc tér

Einkaufen wie die Ungarn

72 Frischwaren in der Lehel-Markthalle

Ungarn ist das Land des Paprikas. Wo könnte man die ganze Vielfalt der ungarischen Paprikasorten besser und frischer bekommen als in einer Markthalle? Es muss aber nicht immer die bekannte und touristisch überlaufene Große Markthalle sein. Jeder Stadtbezirk im Budapester Zentrum hat seine eigene Markthalle. Viele davon sind bereits um die vorige Jahrhundertwende entstanden und konnten sich den Charme von damals bewahren, beispielsweise die Markthallen in der Hold utca oder am Klauzál tér.

Am Lehel tér ein Stück hinter dem Westbahnhof fand schon Ende des 19. Jahrhunderts ein Markt im Freien statt. Baupläne für eine Markthalle wurden immer wieder verschoben, aber der Handel florierte dort stets an Buden und Ständen. Erst im Jahr 2002 öffnete dort endlich eine große Markthalle im postmodernen Stil. Das ungewöhnliche Design ähnelt von außen einem Schiff. Drinnen finden sich auf drei teils offenen Ebenen mehr als 300 Geschäftsräume und Marktstände. Damit ist sie sogar größer als die Große Markthalle. Im Untergeschoss besteht ein direkter Zugang zur Metro.

Für Paprikafreunde sind die Markthallen vor allem im Sommer und Herbst ein wahrer Glücksort. Hier türmen sich rote, weißgelbe und grüne Schoten von mild bis scharf. Spitzpaprika verströmen ihren Duft. Die scharfen Verwandten aus Bogyiszló sehen zum Verwechseln ähnlich aus. Fleischige rote Tomatenpaprika sind aromatisch süß, die langen hellgrünen Schoten feurig scharf.

An anderer Stelle hängen die berühmten Pick-Salamis, die es auch mit Paprika, scharf oder vom Wollschwein gibt. Schier endlos ist das Angebot ungarischer Würste. Die typische Kolbász gibt es von mild bis scharf, von dünn bis dick und meist vom Schwein. Aber auch Graurind, Büffel oder Ente werden verwurstet. Der Mangalica-Stand ist auf Produkte vom Wollschwein spezialisiert.

Die Vielfalt an den Fleischtheken beeindruckt. Auch ungewöhnliche Dinge wie Kaldaunen, Entenmägen oder Hühnerfüße sind hier selbstverständlich. Man verwertet eben das ganze Tier.

TIPP

Zur Stärkung bietet sich am Imbiss ein frisch ausgebackener Lángos mit Knoblauch an.

Lehel csarnok, Váci út 9–15, 1134 Budapest
lehelcsarnok.hu

ÖPNV: Metro M3, Tram 14, Bus 15, 115, Trolleybus 76, Haltestelle Lehel tér

Palotai

Dichter und Feinschmecker

73 Das Gasthaus Kéhli in Óbuda

„Er nahm die Speisekarte mit einer solchen Andacht in die Hand, als wäre es ein Liebesbrief, den nach längerer Zeit endlich eine untreue Geliebte seinem vernachlässigten Magen sendet", sinnierte einst der ungarische Dichter Gyula Krúdy über das Gasthaus Kéhli.

Die Speisekarte inspiriert noch heute dazu, mit Andacht an die Auswahl zu gehen, präsentiert sie doch die ganze Vielfalt der traditionellen ungarischen Küche. International berühmt gewordene Klassiker wie Gulaschsuppe und Fischsuppe sind natürlich vertreten. Das Angebot reicht weiter über eher nur in Ungarn bekannte Gerichte wie etwa das Dessert Vogelmilch bis hin zu Spezialitäten, die auch auf den Budapester Speisekarten rar geworden sind, beispielsweise Froschschenkel. Wer einmal die deftigen Markknochen mit Knoblauch-Toast als Vorspeise probiert hat, möchte sie nie mehr missen. Zum Hauptgang dann Wels-Paprikasch mit Quarknudeln oder zarte Gänseleber – oder doch lieber Rinderbacken in Rotwein oder Hammel-Pörkölt? Die Auswahl fällt wirklich schwer.

Zwischen nicht mehr ganz modernen Hochhäusern und der wichtigsten Verkehrsader über die Arpád híd sowie dem gemütlichen Krúdy-Viertel präsentiert sich Óbuda heute kontrastreich. Dort befindet sich das Kéhli Vendéglő in einem schönen alten Gebäude aus dem Jahre 1828 und bewahrt den einstigen Charme des Stadtteils. 1899 eröffnete darin das Gasthaus und wurde rasch zum beliebten Treffpunkt der Bohemiens jener Zeit.

Noch heute kann man drinnen gemütlich und gepflegt am weißen Tischtuch tafeln, in der halboffenen Veranda sitzen oder in der lauschig-luftigen Gartenatmosphäre im Innenhof unter Kastanien der kaum weit entfernten Hektik der Großstadt entfliehen und kulinarische Abenteuer erleben. Eine alte Schreibmaschine zieht den Blick auf sich. Hat Krúdy gar darauf seine poetischen Texte verfasst? Und immer wieder gelangen Sodaflaschen in den Blick. Hier sind sie sogar noch aktiv im Einsatz, und die Gäste können sich ihren Fröccs nach eigenem Belieben mischen.

- Kéhli Vendéglő, Mókus utca 22, 1036 Budapest, Tel.: +36 (1) 368 0613 kehli.hu
- ÖPNV: Vorortbahn H5, Tram 1, 41, Haltestelle Szentlélek tér

Anno 1899

Abtauchen im Jugendstil

74 Das historische Gellért-Bad

Am westlichen Donauufer gleich neben der grünen Freiheitsbrücke thront das mächtige Gebäude des altehrwürdigen Grandhotels Gellért mit seinem Bad. Ein wahrlich mondänes Haus, außen wie innen. Für die Bauarbeiten der damaligen Ferenc József híd (heute Freiheitsbrücke) musste 1896 das berühmt-berüchtigte Sárosfürdö (Schlamm-Bad) weichen. Die Bauarbeiten des Gellért zogen sich noch bis 1918 hin.

Das Gellért-Bad steht jedem offen und ist heute wirtschaftlich eigenständig. Hotelgäste haben allerdings den unschätzbaren Vorteil, etwa schon vor dem Frühstück im Bademantel hausintern ins Bad zu gelangen. Die prächtige Eingangshalle mit ihren Mosaiken, Buntglasfenstern und Skulpturen ist ein architektonisches Highlight des Sezessionsstils. An der Stirnseite der Halle wartet die Skulptur „Venus und Amor“ von Adolf Huszár als beliebtes Fotomotiv.

Weithin bekannt ist das Schwimmbecken in der Säulenhalle – eine Kathedrale des Badens, allerdings mit 26 Grad relativ kühl für ein Thermalbad. Sehenswert an der Stirnseite des Schwimmbeckens ist der Brunnen mit dem lächelnden „Entenmädchen“ – eine Skulptur von Miklós Ligeti aus dem Jahre 1894, die 1918 in das Bad mit einbezogen wurde.

Absolutes Highlight sind die wirklich heißen Thermalbecken mit ihrem magischen Blau – 36, 38 oder gar 40 Grad. Ein Anblick wie aus Tausendundeiner Nacht. Blau und Türkis dominieren die Gestaltung, übrigens alles ungarische Zsolnay-Kacheln aus Pécs. Ornamentale Dekore des Jugendstils erinnern an die türkische Badekultur, schaffen eine romantische Atmosphäre und besondere Glücksmomente zum Abtauchen. Die feuchtwarme Luft zwingt ohnehin zur Entschleunigung. Übrigens sind alle Bereiche erst seit 2013 für Männer und Frauen gleichermaßen zugänglich.

Das große Schwimmbecken im Außenbereich war zu seiner Fertigstellung 1927 eines der ersten Wellenbäder mit künstlich erzeugtem Wellengang. Auch für kühleres Wetter gibt es draußen weitere 36 Grad warme Thermalbecken, oder man steigt in einen großen Holzzuber.

● Szent Gellért gyógyfürdő, Kelenhegyi út 4, 1118 Budapest
www.gellertbath.hu

● ÖPNV: Metro M4, Tram 19, 41, 47, 48, 49, 56, 56A, Haltestelle Szent Gellért tér

40C°

Vom Café zum Partytrend

75 Das alte und neue Literaturcafé Hadik Kávéház

Vom Westufer der grünen Freiheitsbrücke führt der Weg links vorbei am Gellért durch die Allee eines alten Wohngebiets. Nach 5 Minuten öffnet sich das Gelände. An der Stirnseite des begrünten Platzes steht das Hadik. Früher war es eine feste Größe in der Budapester Kaffeehauslandschaft, allerdings eine schlichtere Alternative zum mondänen Café New York.

Hier trafen sich die Literaten jener Zeit wie Móricz Zsigmond, Dezső Kosztolányi und Frigyes Karinthy. Sie witzelten über die Schlichtheit und verglichen das Ambiente mit einem Dorfbahnhof oder die braunen Wände mit einer Tragetasche (ung. Szatyor). Aber sie liebten ihr Hadik bis zur Schließung 1940.

Nach Jahrzehnten Dornröschenschlaf wurde das Hadik 2010 wiederbelebt. Der zuletzt dort befindliche Schuhladen wandelte sich zum Café oder Restaurant, das an den Geist seiner Vorgänger erinnert. Im gediegeneren Teil stehen noch Thonet-Stühle an Holztischen wie früher. Alte Möbel, einige gemütliche Nischen und kleine Kuriositäten wie eine Schreibmaschine von damals gibt es zu entdecken. Auch der Kronleuchter ist noch original. Freigelegte Backsteinwände und die moderne Treppe zur Galerie sorgen für ein stylishes Aussehen.

Nur durch eine Tür getrennt, wandelt sich das Bild völlig und erweckt den Eindruck einer Ruinenbar, bunt bestuhlt, voller kurioser Hängelampen und mit bemalten Wänden – das Szatyor. Hier lebt der von Karinthy geprägte Begriff weiter.

Das Hadik ist wieder Treffpunkt für literarische Abende, Kunst und Musik geworden. Sogar László Nemes soll hier das Drehbuch für seinen oscarprämierten Film „Son of Saul“ geschrieben haben.

Bei schönem Wetter sitzt man vor allem draußen unter den Bäumen. Die kleine Speisekarte bietet Suppen und Salate, Burger und Sandwiches, aber auch Entenbrust und ein leckeres hausgemachtes Schokoladensoufflé. Die Cocktailkarte gibt sich von literarischen Weltstars wie J. K. Rowling und Ernest Hemingway inspiriert, denn er meint: „Drinking is a way of ending the day.“

- Hadik kávéház, Bartók Béla út 36, 1111 Budapest, Tel.: +36 (20) 502 2597 www.hadik.hu/home
- ÖPNV: Metro M4, Haltestelle Szént Gellért tér; Tram 19, 41, 47, 49, 56, Haltestelle Gárdonyi tér

NADIK-HÁZ
NADIK KÁVÉHÁZ
HADIK

Gestriegelt und gebürstet

76 Bürstenfachgeschäft 1001 Kefe

Von der Ringstraße aus bemerkt man am Beginn der Dob utca nach einigen Schritten einen Ausleger mit einem seltenen Zunftzeichen, das neugierig macht. Dort befindet sich der kleine Laden „1001 Kefe“. Seine Einrichtung hat wohl schon seit 100 Jahren fast unverändert überdauert. Deckenhoch sind die Regale, darin viele große hölzerne Schubkästen mit Klappgriffen, weitere Hängeregale und Kisten. Man könnte sich eher in einem Lagerraum oder einer Werkstatt wähnen.
Das Fachgeschäft vertreibt unzählige verschiedene Bürsten, Pinsel und Besen, die zum größten Teil im eigenen Familienunternehmen nach klassischen handwerklichen Verfahren angefertigt werden. Die Bürstenmacherei geht auf den Großvater zurück und existiert bereits seit 1920. Ziel ist es bis heute, vorwiegend aus natürlichen Rohstoffen handwerkliche Produkte bester Qualität herzustellen. Hier werden Pinsel und Bürsten auch regeneriert oder neu gebunden.
Der kleine Ausflug in diese haarige Welt überrascht mit einer unerwarteten Vielfalt an Formen, Materialien und Einsatzgebieten vom Künstlerpinsel bis zur Scheuerbürste. Mit dem älteren Herrn im Laden kommt man gut ins Gespräch. Er kann ein wenig Deutsch und erklärt gerne, welche Tierhaare in den Bürsten verarbeitet werden: Rosshaar, Ziegenhaar, Ponyhaar, Borsten, Wildschweinborsten oder ganz weiches Haar vom Eichhörnchen.
Das Angebot reicht von ganz weichen Rasierpinseln und Babybürsten über Bartpflegebürsten, Saunabürsten und Nackenbürsten bis hin zu robusteren Nagelbürsten, Kleiderbürsten, Polsterbürsten, Schuhbürsten und Spülbürsten. Ebenso gibt es Flaschenbürsten, Malerbürsten, Besen und Industriebürsten.
Gleichermaßen schön, praktisch und zudem ein erschwingliches Souvenir sind die Haarbürsten mit echten Wildschweinborsten. Der handliche Korpus besteht aus Buchenholz und trägt das Firmenlogo. Wildschweinborsten stimulieren die Kopfhaut, entwirren und glätten das Haar, verteilen überschüssiges Fett zu den Haarspitzen und sorgen so für glänzendes Haar.

● 1001 Kefe, Dob utca 3, 1074 Budapest
1001kefe.hu
● ÖPNV: Metro M1, M2, M3, Haltestelle Deák Ferenc tér

GYEREKPARTVIS
A00250473
2db-os 600,-
350,-
CIPŐ BEKENŐ KEFE
4 SOROS : 400-
3 SOROS LÓSZŐR : 500-
LAKKOZOTT KICSI : 600-
-"- NAGY : 1.000-
-"- KECSKESZŐR : 1.200-
VELURKEFE NYELES : 1.200-
BOROTVA ECSET
BOROTVA NAGY : 1.600-
-"- EXTRA : 1.700-
BAJUSZKEFE : 2.200-
SZAKÁLLKEFE : 1.600-
ZÖLDSÉGMOSÓ : 3.900-
MOSOGATÓKEFE : 1.650-
HÁTMOSÓ KEFE : 1.500-
SZAUNAKEFE (PAD) : 2.800-
: 2.600-
FE

Mondän bis verspielt

77 Ikonen der Jugendstil-Architektur

Budapests Architektur ist maßgeblich von der Blütezeit zum ausgehenden 19. und beginnenden 20. Jahrhundert geprägt. Mächtige Bauten des Historismus und Ikonen des Jugendstils und des ungarischen Sezessionsstils sind entstanden. In vielen Bauwerken hat der Jugendstil unübersehbare Einflüsse hinterlassen.

Weltbekannt sind das mondäne Gellért-Bad sowie der luxuriöse Gresham-Palast direkt an der Kettenbrücke, der als eines der schönsten Hotels überhaupt gilt. Besonders schön und bemerkenswert sind die Bauten von Ödön Lechner, denen er mit den farbig gemusterten Zsolnay-Dachziegeln eine ganz individuelle Note verliehen hat. Am bekanntesten sind das Kunstgewerbemuseum, das Institut für Geologie sowie die ehemalige Postsparkasse.

Es lohnt sich, auch abseits der Touristenmagneten aufmerksam durch die Straßen zu spazieren und den Blick über die Fassaden schweifen zu lassen. Manches architektonische Kleinod der „zweiten Reihe" lässt sich da entdecken, wo der Sezessionsstil noch ausgeprägter und die Gestaltung verspielter ist.

Nur ein paar Schritte von der Stirnseite des Freiheitsplatzes entfernt in der Honvéd utca befindet sich das 1903 erbaute Bedő-ház, das Haus der ungarischen Sezession. Sehenswert sind die zartgrüne verzierte Fassade und die hölzernen Portale im Pfauenschweif-Design. Das darin befindliche Café und Museum für Jugendstilmöbel werden hoffentlich die Corona-Auszeit überstehen.

Unweit der Fußgängerzone am Szervita tér beeindruckt die Fassade des Türkischen Bankhauses mit klarer Linienführung und einem üppigen Mosaik am Giebel. Etwas abseits neben dem Westbahnhof ist das erste Jugendstilhaus der Stadt in der Izabella utca 94 zu entdecken. Das Lindenbaum-Haus zieht mit reicher Ornamentik, Buntglasfenstern und farbenfroher Majolika in den Bann.

Das wohl eleganteste und schönste Jugendstil-Gebäude ist die Kőrössy-Villa in der Straße Városligeti fasor 47 nahe dem Stadtwäldchen mit opulentem Dekor und Glasfenstern von Miksa Róth.

- Jugendstil-Bauwerke, z. B. Bedő-ház, Honvéd utca 3, 1054 Budapest
- ÖPNV: Metro M2, Haltestelle Kossuth Lajos tér

ELADÓ
BEDŐ-HÁZ
3.
CONFECTIONERY
SÜTEMÉNYEK
CAFE

Im siebten Tortenhimmel

78

Das berühmte Kaffeehaus Gerbeaud

Wie ein Grandhotel dominiert das prächtige Gebäude des Gerbeaud die Stirnseite des Vörösmarty tér. Zweifellos ist es heute das eleganteste und berühmteste Café der Stadt. Seit 1858 gibt es die ursprünglich von Henrik Kugler gegründete Confiserie und seit 1870 an dieser Adresse. Da Kugler keine Nachkommen für die Firma hatte, lud er in Genf den jungen Emil Gerbeaud nach Budapest ein. Ende des 19. Jahrhunderts konnte der kreative Gerbeaud mit seinen Torten und Pralinen hier große Erfolge feiern.

Katzenzungen sind beispielsweise eine Erfindung von Gerbeaud – jene länglichen hellen oder dunklen Schokoladetäfelchen mit der geschwungenen Form, die an Löffelbiskuits oder eben die Zungen von Katzen erinnern. Sie gibt es noch heute zu kaufen als edles kleines Geschenk. Auch Cognackirschen hatte Gerbeaud bereits Ende des 19. Jahrhunderts im Angebot. Die international bekannte Praline mit der Kirsche gibt es hingegen erst seit 1957.

TIPP

Die Köstlichkeiten vom Gerbeaud gibt es auch gut verpackt zum Mitnehmen.

Heute ist zwar niemand mehr von der Familie Gerbeaud da, das Café setzt aber die Tradition fort und steht für höchste Ansprüche. Budapester und Touristen lieben es gleichermaßen und genießen gern auf dem sonnigen Freisitz. Die wunderschönen Innenräume mit Kronleuchtern, geschwungenen Vorhängen, den runden Kaffeehaustischen mit grüner Marmorplatte sowie den hauseigenen Gerbeaud-Stühlen und die Torten-Vitrinen sollte man sich allerdings nicht entgehen lassen.

Leckereien und Torten sind nicht ganz preiswert, aber von exzellenter Qualität. Ungarische Klassiker wie Dobostorte und Eszterházy-Torte oder die Gerbeaud-Schnitte mit gemahlenen Walnüssen, Aprikosenmarmelade und dunkler Schokolade sind ein Schmaus für Augen und Gaumen. Die klassischen Geschmäcker gibt es auch in hausgemachten Eissorten und Eisbechern. Neuere Kreationen wie die Tortenschnitte mit gesalzenen Erdnüssen und Aprikosen spielen gekonnt mit einem dezenten Kontrast zwischen süß und salzig. Ein Gläschen Tokajer Szamorodni oder Aszú dazu vollendet den Glücksmoment.

- Gerbeaud cukrászda, Vörösmarty tér 7–8, 1051 Budapest
  gerbeaud.hu/en
- ÖPNV: Metro M1, Haltestelle Vörösmarty tér

Spitzenküche zum Anfassen

79 Das Gourmet-Fest im Millenáris-Park

Die ungarische Küche genießt zu Recht ein hohes Ansehen, denn sie ist weitaus komplexer und filigraner als nur Gulasch und Paprika. Kochwettbewerbe und gastrokulturelle Veranstaltungen besitzen einen hohen Stellenwert in Ungarn. Für die gehobene Küche ist das alljährlich stattfindende Gourmet-Festival das Highlight. An einem Wochenende im Mai treffen sich ungarische Spitzenköche, Konditoren, Winzer und Erzeuger sowie internationale Stars der Gastroszene im Millenáris-Park. Besucher erhalten so eine einmalige Chance, dicht beieinander die Kreationen führender Köche und Winzer häppchen- und schlückchenweise auszuprobieren. Für einen moderaten Preis gibt es kleine Portionen, man dünkt sich fast wie in der Jury einer Kochshow.

Hier trifft man auf Streetfood vom Feinsten – handwerkliche Burger frisch vom Grill, Sandwiches mit gereiftem Schinken oder Pulled pork, Grillwürste vom Wollschwein. Csárdas und Restaurants servieren ungarische Klassiker wie Rinderpörkölt, Debrecziner Würstchen oder Slambuc-Eintopf. Anspruchsvoller sind Mangalicabäckchen mit Dödölle oder Lamm mit Himbeeren und Paprika. Die Sterne-Avantgarde erfindet Dinge wie Broteis mit Paprika-Himbeersauce und Bierwürfeln oder Mangalica-Grieben-Creme mit Thymian-Erdbeer-Sorbet.

TIPP

Exklusive Genüsse bieten VIP-Dinner mit internationalen Sterneköchen wie Ana Roš oder Twins Garden.

Darauf lohnt es sich, mit einem ungarischen Sekt anzustoßen. Törley aus Budafok ist dafür schon seit 1882 die ungarische Traditionsmarke. Die Palette reicht von harmonisch leichteren Varianten für fast jeden Tag über sortenreinen Pinot noir rosé oder süßen Tokajer-Sekt bis hin zum klassisch handgerüttelten Spitzenprodukt Brut ohne Dosage. Die Firma Kreinbacher erzeugt seit einigen Jahren an den Hängen des Vulkans Somló exzellenten Sekt aus Furmint-Trauben mittels traditioneller Flaschengärung. Am Stand kann man ihn gegen einen renommierten Champagner verkosten und kommt echt ins Grübeln.

Ebenso findet man Stände mit Kaviar, Premium-Wodka, belgischen Bieren oder Cocktails mit Unicum. Selbst manch Dackel im Publikum trägt da stilvoll Fliege.

- Gourmet fesztivál, Millenáris Park, 1024 Budapest
  gourmetfesztival.hu/en
- ÖPNV: Metro M2, diverse Tram- und Buslinien, Haltestelle Széll Kálmán tér

TÖRLEY
TÖRLEY

Der romantischste Blick

80

Nachts an der Fischerbastei

Wenn im warmgelben Natriumlicht auf den Stufen der Fischerbastei spätabends noch eine Geige herzzerreißend erklingt, wird jedem klar, dass hier unvergessliche Momente stattfinden.

Die grünlich gewordene Reiterstatue des Heiligen Stephan steht im fahlen Licht mit Zepter und Stephanskrone. Mit etwas Glück liefert der Vollmond den passenden Heiligenschein dazu. An der Matthiaskirche ist Ruhe eingekehrt. Sie erstrahlt im würdigen Glanze und scheint fast zwischen Himmel und Erde zu schweben.

Auf der sonst so überlaufenen Fischerbastei tummeln sich nur noch ein paar romantische Liebespaare und vereinzelte Fotografen. Jetzt ist der richtige Zeitpunkt, um die märchenhaft anmutende Burganlage mit ihren Türmchen, Gängen und Balustraden zu besichtigen.

Einst war die Fischerbastei jener Mauerbereich der Burg mit abgewinkelten Abschnitten, für deren Verteidigung die Fischergilde zuständig war. Später sollte auf den alten Schutzwänden etwas Spektakuläres entstehen. Zwischen 1895 und 1902 schuf Frigyes Schulek diese Art Märchenschloss im neoromanischen Stil. Seine sieben spitzen Türmchen symbolisieren die sieben Stammesfürsten der Magyaren, die sich dereinst im Karpatenbecken niederließen.

Der vielleicht schönste Weg führt zu Fuß nach oben. Man startet am Westufer der Kettenbrücke und biegt vor dem Tunnel rechts in die Hunyadi János út. An der Kreuzung mit der Csónak út erreicht man die Parkanlagen und hält sich links auf die Jesuitentreppe. Diese führt direkt durch das Innere der Fischerbastei nach oben.

Das Donaupanorama liefert wahre Glücksmomente, an denen man sich nicht genug sattsehen kann. Dominant im Lichtermeer ist das gewaltige Parlamentsgebäude, das man spätabends von hier aus am besten betrachten kann. Der Blick schweift von der Margareteninsel im Norden bis zum Gellértberg im Süden und wird immer wieder von den historischen Brücken der Stadt gefesselt. Gegen 1 Uhr endet der Zauber, die Illumination schwindet, die Stadt versinkt endgültig im Schlaf.

- Fischerbastei, Szentháromság tér, 1014 Budapest
- ÖPNV: Bus 16, Haltestelle Clárk Ádám tér oder direkt Szentháromság tér

Bibliografische Informationen der Deutschen Nationalbibliothek
Die Deutsche Nationalbibliothek verzeichnet diese Publikation in der Deutschen Nationalbibliografie; detaillierte bibliografische Daten sind im Internet über http://dnb.d-nb.de abrufbar.

Konzeption/Satz: Droste Verlag, Düsseldorf
Einbandgestaltung und Illustrationen: Britta Rungwerth, Düsseldorf, unter Verwendung von Bildern von © Fotolia.com: jd – photodesign.de; © iStock: Plociennik Robert
Fotos: Peter Posse, außer:
S. 11: Four Seasons Hotel Gresham Palace Budapest; S. 23, 25, 33, 39, 41, 49, 53, 59, 61, 71, 73, 79, 83, 93, 97, 101, 103, 105, 109, 121, 125, 131, 135, 137, 141, 143, 147, 149, 155, 165, 167: Kathrin Wölker-Posse; S. 69: Katalin Kovács, Bahnhistorischer Park Budapest; S. 77: Danubius Hotels, Hungary; S. 127: Eszter Blahák, Miksa Róth Memorial House and Collection Budapest, Hungary; S. 123: Károly Demeter, ELTE Füvészkert Budapest

FSC
www.fsc.org
MIX
Papier aus verantwortungsvollen Quellen
FSC® C011279

Druck und Bindung: LUC GmbH, Greven
ISBN 978-3-7700-2234-2

www.droste-verlag.de